Harry Holzheu

Parlare in pubblico ed essere convincenti

Traduzione di
Silvia Bini

TEA

TEA – Tascabili degli Editori Associati S.p.A., Milano
www.tealibri.it

Titolo originale:
Das ultimative Rhetorikbrevier

Prima edizione TEA Pratica ottobre 2007
Seconda edizione TEA Pratica luglio 2008

Indice generale

PARTE SECONDA
L'EFFETTO DELLA PERSONALITÀ

PARTE TERZA
ALTRE COSE IMPORTANTI

PARLARE IN PUBBLICO ED ESSERE CONVINCENTI

Se vuoi tenere un bel discorso,
parla come se stessi conversando col tuo migliore amico,
solo a voce un po' più alta!

Prefazione

Da oltre quarant'anni mi occupo della formazione del personale d'azienda con particolare attenzione verso coloro che devono imparare o perfezionare l'arte della retorica, ovvero le proprie capacità comunicative di fronte a un pubblico. Mi dedico sia a coloro che hanno cominciato da poco, sia ai professionisti, già in possesso di una certa esperienza. In migliaia di seminari e lezioni ho mostrato come sia possibile incrementare il proprio successo quando si è in grado di presentare le proprie idee, progetti o prodotti con disinvoltura e sicurezza. Grazie alle mie strategie e ai miei suggerimenti molti professionisti sono riusciti a riscuotere grande favore fra i propri ascoltatori, lasciando un segno decisamente positivo, talvolta addirittura indelebile. Questo vademecum intende diventare il fedele accompagnatore dell'oratore navigato che vuole mantenere vive le conoscenze già apprese e valorizzare maggiormente quei tratti della propria personalità come fossero un marchio di fabbrica. Per gli oratori alle prime armi sarà invece una guida insostituibile all'ottenimento di traguardi lavorativi sempre più prestigiosi.

Per semplicità nel testo utilizzo la forma maschile « l'oratore », intendendo naturalmente sempre anche « l'oratrice ». Tuttavia mi rammarico molto del fatto che in genere sono poche le donne che partecipano ai miei seminari; mi piacerebbe che fossero molte di più, perché le donne possiedono il dono naturale di mostrare i propri sentimenti e saperli esprimere. In questo senso godono di un grande vantaggio rispetto a noi uomini e perciò sono spesso oratrici di notevole successo.

I 120 principi vincenti – le frasi in neretto al termine di ciascun capitolo – sono formulati in prima persona; gli oratori trovano così espresse in maniera diretta le indicazioni necessarie per presentarsi bene in pubblico.

Per domande alle quali non trovate risposta in questo libro, sono a vostra disposizione – preferibilmente via e-mail – in qualsiasi momento. Vi auguro tanto successo nelle vostre future uscite pubbliche!

Zurigo, autunno 2005
HARRY HOLZHEU

PARTE PRIMA

PREPARAZIONE DEL CONTENUTO

Di solito la data di una conferenza viene stabilita con largo anticipo. Nel momento stesso in cui ci viene affidato l'incarico, iniziamo a preoccuparci di quale tipo di platea ci troveremo di fronte e di che cosa diremo. A quel punto si comincia a rimuginare sul contenuto della relazione che andremo a tenere e comincia a svilupparsi un certo timore per dover parlare in pubblico. Tutto ciò è normale e addirittura positivo: è così infatti che lo spirito creativo si mette a girare a pieno regime!

Abbandonatevi ai vostri pensieri ogni volta che se ne presenta l'occasione: in un momento di tranquillità, quando magari – in viaggio o a casa – siete troppo stanchi per leggere o non abbastanza per dormire. In situazioni simili la mente è particolarmente creativa e possono nascere buone idee. Definisco questa fase « preparazione mentale ». Non ha una durata prestabilita: infatti ogni volta che ne ho voglia e che se ne presenta l'opportunità, approfitto per riflettere sulla relazione che devo tenere e raccogliere le idee.

Talvolta però è proprio il tempo che manca per potersi preparare a tutto tondo; cosa che, per esempio, molto spesso capita agli alti dirigenti d'azienda. Succedesse anche a voi, sareste costretti a trovare un modo per potervi preparare in maniera ottimale nel giro di pochi minuti.

Nei prossimi capitoli descriverò il percorso che compio prima di tenere una relazione. Durante i miei seminari percorro le medesime tappe insieme con i partecipanti, poiché saranno poi loro a dover ideare una breve relazione di dieci minuti come compito da portare il secondo giorno di seminario. A casa affrontano così i diversi passi necessari e hanno modo di rendersi conto che si tratta di un procedimento molto impegnativo. È probabile che succeda la stessa cosa anche a voi se preparerete in questo modo la vostra prossima relazione. Posso tuttavia assicurarvi che soltanto la prima volta vi richiederà tanto tempo. Dalla seconda volta in poi, sarà sempre più veloce, come confermano anche i partecipanti ai miei seminari.

Con un po' di allenamento sarete in grado, in casi estremi, di prepararvi addirittura nel giro di pochi minuti – magari proprio mentre vi state recando sul luogo dove dovete tenere la conferenza – ponendovi le seguenti domande:

- **Qual è l'interesse principale del mio pubblico?**
- **Che cosa voglio ottenere con questo intervento?**
- **Qual è il messaggio principale che intendo comunicare?**
- **Quali sono gli argomenti più importanti che voglio esporre?**
- **Con quali esempi posso spiegarli?**

Constaterete infatti che il vostro discorso sarà molto più mirato, sia nella struttura che nello svolgimento, se vi atterrete a questa sequenza che, del resto, è quella proposta nei prossimi capitoli.

Analisi del target

La prima cosa su cui dovete riflettere è sempre *a chi vi rivolgerete*. Più omogeneo è il gruppo a cui vi indirizzate, più mirata potrà essere l'elaborazione della conferenza e più diretto potrà essere il modo in cui vi rivolgete alla vostra platea. Se vi aspetta un'uscita televisiva, potete anche risparmiarvi questo capitolo, perché saranno le persone più disparate a vedervi e ascoltarvi. Tuttavia il vostro intervento deve poter offrire qualcosa *a tutti quanti*. E non è certo facile!

Che si tratti di interventi pubblici o privati, per prima cosa dovete occuparvi delle persone che intendete allietare col vostro discorso. Ho detto intenzionalmente *allietare*! I vostri ascoltatori non devono morire di noia, ma ascoltarvi con interesse ed entusiasmo! L'attenzione del pubblico dipende (quasi) soltanto da voi!

Partiamo dal presupposto che vogliate convincere i vostri ascoltatori di qualcosa di concreto. Il vostro sarà dunque – se non del tutto, almeno a grandi linee – un *discorso persuasivo*. Gli interventi alle conferenze stampa, alle riunioni generali, ai congressi annuali, alle inaugurazioni, e via dicendo, non possono essere soltanto informativi, ma devono avere assolutamente carattere persuasivo, poiché di regola devono provocare un cambiamento d'opinione o di atteggiamento in chi ne è fruitore. Altre forme di discorso, come per esempio quello solenne o funebre, mirano invece a creare un particolare tipo di atmosfera, ma non è di questo che tratteremo.

Se volete convincere l'uditorio di qualcosa di concreto, il presupposto è avere un atteggiamento positivo nei suoi confronti. Non è possibile convincere di alcunché qualcuno che non ci piace! Il discorso persuasivo inoltre non può dare spazio a una dialettica poco corretta, come invece potrebbe accadere nel dialogo polemico, dove, talvolta, l'accenno a cose sgradevoli si rende addirittura consigliabile; per esempio, dire: « Non mi sognerei mai di dire che il signor Maier è un alcolista cronico! » equivale in effetti a dire proprio ciò che si nega. In una contesa non potrete mai convincere l'avversario del vostro punto di vista, ma lavorerete piuttosto per « la platea », vale a dire che il vostro intento sarà quello di guadagnare il favore di un numero più alto possibile di ascoltatori; e in questi casi è auspicabile avere la battuta pronta. Non tutti però ne sono dotati. È vero che c'è chi afferma che si può imparare ad avere prontezza di spirito, ma personalmente nutro seri dubbi. Io stesso non ne sono affatto dotato. Ricordo che una volta, a un perfido attacco ricevuto durante un talk-show televisivo da parte di una persona che chiamava al telefono, per tutta risposta ho esclamato: « Rimango senza parole! » In seguito a ciò ho ricevuto numerose testimonianze di simpatia da parte dei telespettatori. A mio giudizio la mancanza di prontezza di spirito non è in assoluto una debolezza. Sono numerose le presunte « debolezze » di un oratore, che il pubblico non percepisce come tali. La stessa cosa avviene del resto anche nel caso opposto: spesso, chi parla, pensa che una particolare espressione o un gesto o un certo atteggiamento costituiscono un punto di forza, mentre gli ascoltatori non ne avvertono l'efficacia.

In ogni caso, per voi è importante sapere quante più cose possibili riguardo al pubblico che incontrerete, perché così potrete rivolgervi agli ascoltatori con asserzioni che li riguardano personalmente, per esempio: « A quanto mi è stato detto, di recente vi siete occupati proprio del caso X, che vi ha senza dubbio toccato nel profondo. Vi capisco molto bene ». Simili affermazioni stabiliscono subito un collegamento tra chi parla e chi ascolta e ne deriva l'impressione che quel discorso sia stato preparato apposta per quel pubblico e per quella precisa occasione, il che aumenta sensibilmente l'efficacia dell'intervento.

Che cosa so del mio uditorio?

- **Che tipo di persone sono: giovani, artisti, atleti, intellettuali, operai?**
- **Qual è il tipo di linguaggio più adeguato: pretenzioso, accurato e forbito, o piuttosto semplice, addirittura un po' elementare?**
- **Che cos'è che interessa di più questo pubblico, e cosa di meno?**
- **C'è qualcosa che al momento lo preoccupa o gli fa piacere in maniera particolare?**
- **Che cos'è importante per questi ascoltatori?**
- **C'è qualcosa per cui li posso ringraziare? (Per favore, non per essere venuti così numerosi!)**

Finalità del discorso

Ogni discorso ha una finalità, o quanto meno dovrebbe averla. Quando il pubblico comincia a chiedersi: « Ma che vuole questo? » l'attenzione subisce in breve un calo. Spesso capita anche di peggio: gli ascoltatori provano irritazione per essere andati a quella conferenza. Non appena avvertono la sensazione di essere lì a perdere tempo, ecco che incolpano l'oratore, colpevole del fatto che loro sono lì seduti in quella sala, costretti a tacere e ad ascoltare, quando invece avrebbero potuto sbrigare questa o quell'altra faccenda. È tutto tempo preziosissimo che va perso.

Quando chiedo ai miei clienti, durante le lezioni, che cosa intendono ottenere attraverso il discorso o la presentazione che si accingono a fare, di solito ricevo risposte del tipo:

- « Desidero far conoscere il nuovo software ai miei collaboratori. »
- « Voglio informare i miei collaboratori del trasferimento nel nuovo impianto. »
- « Desidero presentare la mia ditta a un potenziale cliente. »

Ma non mi basta. *Far conoscere, informare, presentare* per me non sono gli obiettivi di un discorso persuasivo. Per raggiungere finalità di questo tipo non occorre sprecare tanta fatica, basta inviare una e-mail o far pervenire agli interessati la documentazione necessaria, che poi loro potranno leggere nel momento che riterranno opportuno, o magari non leggeranno affatto. Ma se tutte queste persone si sono riunite e adesso vi trovate al loro cospetto, ciò che volete ottenere dev'essere molto di più: evidentemente volete provocare un cambiamento, convincere di qualcosa gli astanti. Ecco allora come formulerei gli obiettivi sopra citati:

- « Desidero *destare entusiasmo* nei miei collaboratori per il nuovo software e *sollecitarli* a dare tutti il proprio contributo, affinché questo passaggio innovativo avvenga nel modo meno problematico possibile. »
- « Desidero *tranquillizzare* i miei collaboratori. È vero che il trasferimento nel nuovo stabilimento è legato a un riassetto del personale che all'inizio arrecherà qualche sofferenza ai singoli, ma costoro *si renderanno conto* e *comprenderanno* che questo cambiamento è di importanza cruciale per la nostra azienda. »
- « Voglio *conquistare* le simpatie di potenziali clienti e *convincerli* che siamo il partner ideale per loro. »

Questi sono obiettivi più efficaci per un discorso persuasivo, mentre le precedenti formulazioni sono più adeguate a una lezione, un corso o una noiosa conferenza di carattere informativo. La questione è: cosa succede dopo un intervento del genere? Occorre che abbiate ben chiaro l'obiettivo a cui mirate, ancor prima di procedere alla preparazione del vostro discorso.

Accanto agli obiettivi « ufficiali », infatti, a parer mio, esistono anche quelli « interiori » o « personali ». Quando, per esempio, un nuovo capo tiene il suo primo discorso davanti ai suoi collaboratori, l'obiettivo che dovrà porsi è che tutti quanti dopo dicano: « Questo è il capo migliore che abbiamo mai avuto! » L'effetto che suscita l'oratore di per sé è importante quanto le tesi e gli argomenti che espone; un buon oratore infatti, nell'opinione dell'uditorio, ha sempre anche le argomentazioni migliori. C'è poco da fare, è così. Mentre un debole oratore, per quanto possa anche presentare argomenti decisamente validi, non ha credito. Nell'ambito del discorso persuasivo occorrono quindi entrambi questi ingredienti: forte personalità oratoria e argomentazioni convincenti.

Che cosa voglio ottenere col mio intervento?
- **Qual è il mio obiettivo principale?**
- **Che cosa voglio smuovere, modificare?**
- **Che cosa debbono fare di diverso gli ascoltatori in seguito al mio discorso?**
- **Quale effetto immediato voglio sortire?**

Messaggio principale e formula conclusiva

Il terzo punto fondamentale, accanto all'importanza della personalità dell'oratore e alla chiarezza dell'obiettivo, è il messaggio primario che si vuole trasmettere: « Vogliamo essere i migliori! » oppure « Non ci accontentiamo certo del secondo miglior risultato, ma del primo in assoluto! Quel che è stato prima, non è più di attualità! », per esempio, sono messaggi primari chiari. « Dobbiamo cambiare mentalità! », è la logica conseguenza; « Ciò per noi significa... », è l'effetto.

Da ciò deriva quasi automaticamente la struttura dell'intero discorso tale che l'ascoltatore riesca a seguirlo senza difficoltà. Il messaggio primario dev'essere chiaro fin dall'inizio, deve continuamente emergere durante il corso della conferenza e accompagnare l'uditorio fino alla conclusione. In questo modo il contenuto può contribuire a mantenere desta l'attenzione; se infatti, nonostante ciò, c'è chi per qualche istante stacca la presa – cosa che purtroppo capita – può sempre ritrovare il filo conduttore e capire subito di che cosa l'oratore sta parlando in quel momento.

Il messaggio primario dev'essere ripetuto nella formula conclusiva. La formula conclusiva è la frase più importante di tutto il discorso; deve assolutamente esprimere ancora una volta con estrema chiarezza l'obiettivo che l'oratore vuole raggiungere e ottenere, ciò che si aspetta dagli ascoltatori e il motivo per cui sono stati invitati alla conferenza. Un discorso senza formula conclusiva è come una minestra senza sale.

Un modo efficace di costruire la formula conclusiva è esprimerla sotto forma di appello:

- « Con ciò, care signore e cari signori, vi invito a dare il via libera a questo nostro progetto! »
- « Dalle mie argomentazioni vi è chiaro quali sono le mie richieste. Adesso vi prego di soddisfarle! Sono certo che avrete compreso qual è il punto che mi sta a cuore e perciò vi rivolgo l'invito a fare il primo passo! »
- « Le motivazioni che ho addotto parlano da sole, ed è perciò indispensabile che tutti quanti seguiamo questa strada! »

Può essere valida anche l'attestazione di un coinvolgimento personale:

- « Per questi motivi sono del tutto convinto che questa sia la strada giusta per noi! »
- « È perciò mia piena convinzione che insieme potremo raggiungere questo obiettivo. »
- « Reputo dunque assolutamente necessario che questo provvedimento ci trovi pronti! »

Ci sono però le eccezioni nelle quali, per la formula conclusiva, non si può utilizzare né un appello né un'attestazione personale, come nel caso di un discorso solenne o di un commiato ufficiale. Ecco un esempio: il capo di una grande ditta doveva accomiatarsi, durante una riunione aziendale, dal presidente del direttivo che andava in pensione. Costui però era molto malato e non poteva partecipare alla riunione. Tutti sapevano che era in ospedale e che probabilmente non gli restava più molto da vivere. Come avrebbe dovuto il capo terminare il discorso? Gli consigliai la seguente conclusione: « Mi mancano le parole per concludere questo discorso. Se anche voi, signore e signori, siete come me profondamente commossi, vi chiedo di alzarvi e manifestare con un applauso il vostro affetto per il signor X». E infatti, duemila dipendenti della ditta si alzarono in piedi e sembrava che non intendessero più smettere di applaudire. Tutto ciò fece una tale enorme impressione, che anche a distanza di anni si è continuato a parlare di quel commiato.

Vi consiglio di formulare la frase conclusiva e di metterla nero su bianco ancor prima di intraprendere la preparazione vera e propria del discorso che dovrete tenere. In questo modo il vostro intervento risulterà più mirato. Questa parte infatti è troppo importante per poter essere frutto d'improvvisazione. Se anche intendete parlare a braccio e vi annotate su un foglio soltanto i punti essenziali, vi consiglio comunque di scrivere la formula conclusiva, parola per parola, sull'ultima pagina del manoscritto. Quando giungerete al termine del discorso, potrete dare una rapida occhiata all'appunto, richiamare alla memoria la formula conclusiva e così esprimerla in maniera chiara e sintetica.

Qual è il messaggio primario che intendo comunicare e quale la formula conclusiva?

- **Scrivo la frase conclusiva, accuratamente formulata, su un foglio apposito del manoscritto.**
- **Opto per un appello o per una dichiarazione personale.**
- **Quando giungo al termine del discorso, ricorro all'ultima pagina e pronuncio la frase conclusiva alla lettera senza modificarla e dandole grande risalto.**
- **Dopo la frase conclusiva non dico altro che «Grazie».**
- **Mi godo l'applauso e mantengo il contatto visivo con la platea per tutta la durata del consenso (affinché possa prolungare il momento di acclamazione).**

La nota personale

Prima di iniziare la preparazione vera e propria del discorso, avete dunque già definito con chiarezza lo scopo del vostro intervento e formulato la frase conclusiva. In questo modo avete chiaro fin dall'inizio il filo conduttore e la finalità dell'intervento.

Riflettendo sul vostro target, probabilmente vi sono già venute in mente alcune affermazioni efficaci, esempi, battute o momenti clou, da poter inserire nel vostro discorso. Occorre assolutamente che vi annotiate a mano a mano queste idee, affinché non vadano perse.

A proposito di prender nota: ciascuno ha un suo proprio metodo per farlo e a questo deve attenersi. C'è chi sceglie di usare i bigliettini e chi adotta il metodo delle « mappe mentali » di Tony Buzan, che prevede il disegno di un albero stilizzato sui cui rami « si posano » le idee; fino a qualche anno fa c'era chi utilizzava un miniregistratore tascabile, oggi magari si usa il computer palmare. Comunque sia, la cosa importante è che vi appuntiate in qualche modo questi lampi di genio.

In una condizione di profondo rilassamento l'uomo riesce a essere estremamente creativo.
Si apre la porta dell'inconscio e fluiscono buone idee.

Siete ancora nella fase della preparazione mentale latente. Nei momenti di quiete, in cui vi abbandonate al fluire dei pensieri, possono nascere altre buone idee su come « condire » ulteriormente il vostro discorso e dargli così una veste ancora più attraente. Può darsi che vi venga in mente una citazione adeguata o un aneddoto divertente da raccontare. Tenete presente una cosa: gli ascoltatori sono curiosi; vogliono conoscere il vostro modo di pensare, quello che provate e anche come vivete. Cercate di soddisfare questa curiosità rivelando qualcosa di voi, magari una determinata esperienza legata in qualche modo al tema trattato e che vi ha particolarmente colpito; oppure qualcosa che avete letto da qualche parte e che vi ha fatto riflettere.

Attingete dal profondo. Date ascolto alla vostra voce interiore e fate attenzione a ciò che vi sussurra. Le idee che vengono in questo modo spesso costituiscono punti cruciali del discorso, che rimarranno impressi in maniera indelebile nella mente degli ascoltatori. Per di più, immettendo nel discorso pensieri scaturiti dal vostro intimo, gli conferirete una nota personale. Io cerco di far proseguire il processo di preparazione mentale anche dopo aver già definito il discorso da esporre. Spesso infatti mi vengono in mente idee felicissime persino pochi istanti prima di iniziare l'intervento. Anche se il tema che dovete affrontare è di natura tecnica, e quindi dovrà essere razionale e sobrio, potete ravvivare il vostro discorso con pareri, esperienze e osservazioni di carattere personale. Del resto quel che volete è lasciare un'impressione durevole; e le dichiarazioni di carattere personale rendono stuzzicante l'intervento.

Ricordo che in una conferenza stampa il cui tema dominante erano cifre e dati (risultati finanziari, comparazioni, prospettive, e via dicendo) uno degli oratori al termine del proprio intervento raccontò il seguente aneddoto: « Nel paese in cui sono cresciuto, in questo periodo dell'anno arrivava Babbo Natale a trovare i bambini.

Aveva con sé due libri, uno nero e uno dorato. Per prima cosa, dal libro nero, ci leggeva i peccati che avevamo commesso durante l'anno; poi, dal libro d'oro ci leggeva le buone azioni che avevamo compiuto e di conseguenza veniva stabilita la quantità di dolcetti e noci che ci spettava. Io spero, signore e signori, che l'anno prossimo, allorché ci ritroveremo nuovamente riuniti in assemblea, portiate il vostro libro d'oro dal quale possiate leggerci le tante buone azioni che noi nel frattempo avremo compiuto! » Con questa originale conclusione, l'oratore riuscì a sciogliere tutte le tensioni della conferenza, fino a quel momento piuttosto freddina, e a creare un'atmosfera più distesa, che influì positivamente sulla tornata di domande e sulla discussione che seguirono. Infatti non ci furono domande « cattive ». Per di più l'oratore in questione si distinse rispetto agli altri relatori e di certo nessuno avrà dimenticato in fretta quel simpatico intermezzo.

Abbiate il coraggio di fare affermazioni di carattere personale, oltre a presentare i dati di fatto e le cifre inappellabili che dovete necessariamente esporre! In questo modo vi metterete in luce con forza.

Il mio rapporto personale col tema trattato:
- **Che importanza riveste per me l'argomento di cui devo parlare?**
- **Che cosa mi affascina di più, che cosa mi sta soprattutto a cuore?**
- **Che cosa mi preoccupa, mi disturba o mi irrita di questo argomento?**
- **Qual è per me la parte più importante del tema?**
- **C'è un'esperienza personale che si riconduca al contenuto del mio discorso e che io possa in qualche modo riferire? (C'è un aneddoto che posso raccontare?)**

Procurarsi i mattoni

Soltanto adesso, dopo aver fatto tutti i passi sopra citati, inizia la preparazione vera e propria del discorso. Le fondamenta sono state poste, adesso avete bisogno dei mattoni.

Può darsi che abbiate alcuni collaboratori che svolgono questo lavoro per voi, procurandovi i dati necessari, le cifre, gli argomenti, le motivazioni e sistemandoli in sequenza logica. Spesso le **presentazioni con PowerPoint** vengono preparate da interi gruppi di lavoro che vi si applicano per giornate e talvolta addirittura nottate intere; di solito però il risultato è sì chiaro e dettagliato, ma fin troppo vasto, ricco di testo, numeri, immagini, diagrammi, curve e altri tipi di rappresentazioni. Per quanto possa essere esaustiva, una simile presentazione, se esposta senza diversivi, cioè limitandosi a mostrare, spiegare e commentare tutte le diapositive con PowerPoint, l'effetto che ne scaturirà sarà quello di una lezione accademica senza forza persuasiva. È proprio necessario far vedere tante immagini? Non potreste magari tralasciarne qualcuna? In questo modo avrete meno da spiegare e guadagnerete spazi più ampi per il discorso libero, nel quale avrete la possibilità di far appassionare il pubblico ai vostri argomenti (v. anche « Cosa occorre visualizzare? »).

Le **tesi** che esponete nella relazione devono poter sostenere l'esame critico dei vostri ascoltatori. Ciascuna tesi deve essere dunque **motivata**.

In ogni caso avete bisogno di **argomenti** stringenti, probanti e, se possibile, ben mirati. Potete sempre **commentarli** affinché l'uditorio ne comprenda lo spirito che li anima, ma ricordate che la casa del vostro discorso deve essere edificata con mattoni solidi e sicuri.

Il vero e proprio lavoro di persuasione sta nel **motivare** e **commentare** le vostre **tesi**. Un sistema efficace e penetrante per farlo è avvalersi di **esempi**, che tuttavia dovranno scaturire dal « qui e ora » e far parte del vostro bagaglio di esperienza personale. Esempi attinti dal lontano passato sono infatti inattendibili e vi fanno passare per antiquati: « Dopo la Seconda guerra mondiale... » ed ecco che tutti pensano: « Questo è già mezzo morto! » Molto meglio dire: « Proprio la settimana scorsa mi è successo... » Oppure: « Oggi, mentre venivo qui, mi è capitato... »

Variate i vostri esempi e fatevene venire in mente sempre di nuovi. Conosco un dirigente d'azienda che durante i convegni interni porta sempre gli stessi esempi da anni; così facendo però si rende ridicolo agli occhi dei suoi collaboratori.

Gli esempi sono mezzi fantastici per inchiodare l'attenzione dell'uditorio. Io lavoro moltissimo con esempi tratti dalla mia personale esperienza e ogni volta mi rendo conto di quale presa abbiano sugli ascoltatori. Capita che anche ad anni di distanza qualcuno si ricordi di esempi che magari ho già dimenticato io stesso.

Gli esempi generalizzano, e questo forse costituisce una piccola nota negativa, ma i vantaggi sono di gran lunga preponderanti. Anche gli scienziati hanno iniziato a utilizzarli sempre di più, avendone riconosciuta la forza probatoria: qualsiasi tesi può essere messa in dubbio da un'antitesi; un esempio di vita vissuta è invece difficile da confutare.

Mettete sempre in luce anche le **controargomentazioni**; non esponete solo i « pro » ma anche i « contro », gli argomenti, cioè, che depongono contro le vostre finalità. Perché? Non è controproducente? Non intendo certo dire che dovete sollevare obiezioni gravi e segnarvi così un autogol; ma determinate difficoltà che potrebbero emergere percorrendo la strada che state proponendo, occorre menzionarle perché di sicuro gli ascoltatori ci arriverebbero anche da soli. Se « tutto fila alla perfezione », prima che abbiate terminato il vostro intervento gli ascoltatori penseranno: « Dove sta l'inghippo? » Se invece sarete proprio voi a presentare un paio di motivazioni che vanno nella direzione opposta alla vostra tesi, tutti penseranno: « Ha pensato proprio a tutto! »

Ecco alcuni esempi:

- « Questo cambiamento tuttavia comporterà un grande impegno da parte vostra. »
- « I costi dei nuovi macchinari saranno alti. »
- « Dovremo lavorare sodo. »
- « Ci vorranno almeno due anni prima di arrivare alla meta. »
- « Non sarà senz'altro una passeggiata. »

Al termine di queste affermazioni, contrapponete sempre i vantaggi della vostra tesi, affinché l'elemento positivo rimanga sempre in primo piano:

- « Ma ne varrà di sicuro la pena. »
- « Questa è comunque la nostra unica chance. »
- « In futuro ne trarremo grandissimi vantaggi. »
- « In questo modo avremo il futuro assicurato. »

Come trovo i mattoni per il mio discorso (chi mi aiuta)?

- **Quali sono le mie tesi fondamentali?**
- **Come le motivo?**
- **Quali sono gli argomenti più importanti?**

Struttura del discorso

Semplicissimo: un buon discorso necessita di un inizio, di un corpo centrale principale e di una conclusione. No, non è vero, non è poi tanto facile! Ma strutturare il discorso non sarà neanche troppo complicato, poiché probabilmente avrete proceduto nella ricerca dei vostri mattoni secondo una *determinata sequenza*. Questa sequenza di solito riflette già la giusta struttura da dare al discorso.

Per conferire al tutto un'architettura logica e ben riconoscibile, vi consiglio la struttura che gli antichi oratori greci inventarono per costruire un discorso persuasivo:

Introduzione
Può essere realizzata con varie domande retoriche, per esempio:
« Perché siamo riuniti qui tutti insieme? »
« Qual è lo scopo dell'odierna manifestazione? »
« Che importanza ha la riunione odierna? »
« Come si configura la situazione attuale? »
« Quali provvedimenti vogliamo prendere? »
« Quali obiettivi vogliamo raggiungere? »

Descrizione dei fatti
« La situazione attuale è questa... »
« Questi sono i fatti incontrovertibili... »
« I problemi attuali sono i seguenti... »

Tesi formulate come opinioni personali
« Io la vedo in questo modo... »
« Questo è ciò che penso io... »
« Occorre fare le seguenti cose... »

Motivazione della/e tesi
Argomenti (mirati, stringenti, probanti, convincenti).
Esempi (di vita vissuta, del qui e ora).

Riepilogo
Ripetizione delle tesi e degli argomenti principali, ma con frasi brevi:
« Permettetemi di riepilogare... »
« Riassumendo... »

Frase conclusiva
Appello: « Per questi motivi vi esorto... »
Ammissione personale: « Per questo sono del tutto convinto che... »

Domande retoriche

La domanda retorica è una domanda alla quale non ci si aspetta risposta. È uno strumento straordinario del discorso persuasivo (non adatto al dialogo polemico, poiché lascia la parola all'avversario!). Per mezzo delle domande retoriche potete annunciare ciò che seguirà; inoltre possono svolgere un ruolo eccellente nella strutturazione di un discorso. È possibile per esempio iniziare con tre domande retoriche consecutive:

« Qual è la nostra situazione odierna? Quali provvedimenti si impongono, quindi? Come andremo ad applicare questi provvedimenti? »

Un'introduzione di questo genere suscita interesse. A questo punto sono già tutti in trepida attesa. La maggior parte dei relatori invece annuncia il contenuto del proprio discorso in maniera convenzionale, per esempio dicendo: « Permettetemi di descrivere la situazione odierna. Parlerò anche dei provvedimenti che è necessario introdurre. Tratterò poi del modo in cui dobbiamo procedere per poter applicare queste misure. Purtroppo non c'è tempo sufficiente per analizzare la questione più in dettaglio ».

Ma di fronte a simili particolareggiati annunci spesso vien da pensare: « Per l'amor del cielo, chissà che mi aspetta adesso! »

Per migliore chiarezza della struttura del discorso, consiglio di introdurre con una domanda retorica anche i passi successivi del discorso; per esempio in questo modo:

Domanda retorica: « *Che cosa* ci aspetta? »
Tesi: « Ci aspetta *questo*... »
Motivazione: « Ci aspetta questo, *perché*... »

Le domande retoriche sono un valido mezzo per comunicare agli ascoltatori di volta in volta a che punto siete del discorso. Gli ascoltatori hanno davvero bisogno di comprendere la struttura dell'intervento e vogliono sempre sapere di cosa state effettivamente parlando in quel preciso momento e a che punto siete. Se non riescono a orientarsi con una certa precisione, infatti, ben presto finiscono per sentirsi perduti e magari irritarsi. Mi è capitato personalmente di ascoltare relatori che, « scartando » dal tema, si mettevano all'improvviso a parlare di argomenti del tutto diversi da quanto, per esempio, veniva mostrato nella diapositiva di PowerPoint proiettata in quel momento. In quei casi avverto insorgere dentro di me emozioni negative che a poco a poco si fanno sempre più forti.

Attenzione: non indugiate con lo sguardo su uno spettatore mentre pronunciate una domanda retorica, perché potreste metterlo in imbarazzo: dovrà rispondere a quella domanda, o no? Invece, guardate di proposito al di sopra delle teste del pubblico. Questa è una delle pochissime eccezioni alla regola del contatto visivo (v. « Contatto visivo con gli ascoltatori »).

Il riepilogo

Poco prima del termine del discorso si rende necessario un riepilogo. Fate una lunga pausa a effetto e con grande risalto dite:

- « Riassumendo », oppure:
- « Permettetemi brevemente di riepilogare ».

Appena sentono queste parole, gli ascoltatori esultano: « Adesso non dovrebbe durare ancora molto! » E infatti non deve durare ancora molto! Dico davvero: fare una sorta di riassunto è positivo. Perché?

- Gli ascoltatori tornano a concentrarsi, perché sanno che la relazione è giunta quasi al termine.
- Voi oratori avete la possibilità di ripetere le tesi e gli argomenti più importanti e in questo modo rafforzare considerevolmente l'efficacia del vostro discorso.
- Il riepilogo è il penultimo momento clou del vostro discorso e costituisce l'ideale passaggio verso l'ultimo punto essenziale: la frase conclusiva.

Ecco qui un esempio di riepilogo con frase conclusiva:

« Permettetemi di riassumere: siamo costretti a trasferirci nel nuovo impianto. Da ciò dipende la nostra sopravvivenza come sede produttiva, perché soltanto così potremo continuare a produrre a costi contenuti. Le conseguenze di questo cambiamento potranno essere sgradevoli per alcuni, ma non gravi. Per questi motivi vi esorto al massimo impegno per un trasferimento quanto più possibile privo di intoppi, affinché possiamo riprendere rapidamente la piena produzione. Conto su di voi! Grazie ».

Il testo scritto

Sono pochi i relatori che riescono a fare a meno di un testo scritto. Io ne conosco soltanto due. Entrambi parlano in maniera brillante e ogni volta mi stupisco di come possano tenere tutto a mente e – senza neanche un appunto scritto – fare i loro interventi a braccio. Grazie a questa loro abilità riscuotono grande ammirazione e rispetto da parte dei loro ascoltatori. Si sentono liberi e tranquilli nel parlare e questo trapela nella loro esposizione vivace ed efficace.

Se si fa molta attenzione, però, si osserva che l'oratore che non ha davanti un testo scritto, non sempre riesce ad attenersi a una linea chiara e definita nella successione delle argomentazioni; non sempre inoltre segue una struttura riconoscibile. Una volta è capitato che in un convegno aziendale il relatore sbagliasse il nome di uno dei dirigenti presenti, creando notevole imbarazzo.

Personalmente preferisco prepararmi per iscritto i punti essenziali, che mi possano mostrare l'« autostrada » che devo percorrere: la direzione e le varie tappe che conducono alla meta. Per esteso scrivo soltanto le frasi salienti, le citazioni e le cifre, per non doverle imparare a memoria. La certezza di potermi orientare in qualsiasi momento coi miei appunti mi dà sicurezza e fa sì che debba ricorrervi molto di rado, se non addirittura mai.

Per quanto riguarda il formato del manoscritto, potete scegliere tra foglietti o cartoncini (DIN A6 o A5), oppure fogli (DIN A4). Il formato piccolo ha il vantaggio di poter essere tenuto in mano e consente comunque di gesticolare; i fogli più grandi invece devono essere appoggiati sul tavolo o sul leggio, perché in mano infastidirebbero. Ciò significa che dovrete scrivere in maniera abbastanza grande per poter leggere gli appunti da una certa distanza.

Un consiglio: numerate le pagine del manoscritto, poiché, avendo annotato soltanto i punti chiave, cosa succederebbe se mai i fogli o i cartoncini dovessero sparpagliarsi?

Soltanto i punti chiave? Sì, certo! Le frasi già formulate in maniera compiuta sono fatali! Infatti inducono a leggerle per filo e per segno e a quel punto non si tratta più di un discorso a braccio!

Un discorso letto non è un'orazione, ma una lezione.

Leggere significa non avere la possibilità di stabilire un contatto con gli ascoltatori ed essere due entità del tutto separate. Quando leggete, l'attenzione del pubblico cala rapidamente; nessuno ha voglia di starvi ad ascoltare troppo a lungo. La lettura di un discorso può avere un effetto noioso e soporifero. Inoltre gli ascoltatori ne ricavano l'impressione che stiate tenendo una relazione standardizzata. Vi piace mangiare cibo premasticato? Parlando sul serio: è una condizione di assoluta necessità lavorare annotandosi soltanto i punti chiave; in questo modo sarete costretti a formulare in maniera spontanea le frasi, destando un'impressione assai più forte.

L'oratore non è mai tanto intenso ed efficace nel modo di esprimersi come nel discorso a braccio.

Spesso, durante le mie lezioni, dimostro questa realtà con l'ausilio di riprese video: l'oratore che legge appare debole, legato e inibito; se invece parla a braccio, risulta subito vivace, intenso ed efficace. Ho provato più volte, durante le esercitazioni, a togliere il manoscritto da sotto gli occhi dell'oratore: dapprima rimane turbato, ma poi continua a parlare risultando incomparabilmente migliore!

Dunque: d'ora in poi parlerete soltanto a braccio. Se poi vi avvalete di diapositive, avete dati già sufficienti per formulare con scioltezza le frasi e commentare le immagini. In questi casi quindi non avete bisogno neanche degli appunti.

Redigo il mio manoscritto:

- **Sistemo gli appunti in ordine logico.**
- **Annoto soltanto i punti chiave e non frasi formulate in maniera compiuta (eccezioni: frasi salienti, citazioni, dati complessi e frase conclusiva).**
- **Faccio un riepilogo.**
- **La frase finale l'ho già preparata e la scrivo in maniera compiuta, essendo una delle poche eccezioni.**
- **Dopo aver redatto il manoscritto, lo riguardo e colloco le domande retoriche dove opportuno. Se è il caso, pongo due o tre domande retoriche come introduzione. Apro ciascuna sezione con una domanda retorica.**

Ottimizzazione o processo di snellimento

Avete mai avuto la sventura di imbattervi in un oratore che aveva già di gran lunga oltrepassato il tempo previsto per il suo intervento e che tuttavia non sembrava avere alcuna intenzione di smettere di parlare? Che sensazione avete provato? A me è capitato durante una manifestazione pubblica alla quale erano state invitate anche autorità politiche ed economiche. L'oratore appariva pieno di sé, era prolisso e dava l'impressione di essere molto compiaciuto di sé; muoveva in continuazione il busto avanti e indietro e teneva le mani sullo stomaco come se stesse impugnando due pistole. Citava in continuazione Goethe e Schiller e parlava, parlava, parlava. Era evidente che gli ascoltatori si annoiavano a morte e, trascorso ormai un quarto d'ora oltre il tempo previsto, qualcuno – probabilmente l'organizzatore dell'evento – si alzò, gli si avvicinò e gli porse un bigliettino. L'oratore fece un cenno con la testa. Tutti pensammo che avesse capito, ma non si sognò neppure di concludere il discorso e continuò, dondolandosi avanti e indietro tra una citazione di Goethe e una di Schiller, finché il pubblico cominciò ad applaudire per farlo finalmente smettere!

Se non fosse prevista la detenzione per assassinio, qualcuno avrebbe già preso a fucilate l'oratore che supera il tempo previsto.

Volete rischiare di suscitare il malumore della platea parlando troppo a lungo? Sareste in buona compagnia, comunque, visto che quasi tutti gli oratori vanno oltre il tempo previsto. Sono pochi quelli che terminano nei tempi stabiliti e assai di rado capita che un relatore termini addirittura in anticipo. Ma non è affatto spiacevole per gli ascoltatori assistere a un intervento che dura meno del previsto: al contrario, sono tutti contenti di poter andare a casa un po' prima!

La migliore opportunità per rimanere nei tempi stabiliti evitando di sforare è rivedere con occhio critico il testo scritto, una volta pronto, al solo scopo di comprimerlo. Definisco questo processo « ottimizzazione ». Riflettete su quali sono i punti dove potete tagliare. È un procedimento che richiede autodisciplina, ma al contempo aiuta a interiorizzare la materia.

L'ottimizzazione ha anche un altro effetto: facendo una revisione alla luce dell'aspetto « Cosa posso buttare? », vi salteranno subito agli occhi le asserzioni non « in linea ». Col processo di ottimizzazione potete individuare le eventuali inadeguatezze nella sequenza delle dichiarazioni e nella struttura dell'intero discorso e potete così correggerle. Nei miei seminari sulla comunicazione, faccio sempre fare la correzione in comune dei discorsi, rigorosamente « di otto minuti », elaborati dai partecipanti. Se in una relazione non si riesce a rintracciare una struttura vera e propria e nell'ascoltarla ci si perde in ordine alla sequenza delle dichiarazioni, allora domando al relatore: « Ha proceduto all'ottimizzazione? » Quasi sempre la risposta è: « No, ho dimenticato di farla! »

Il processo di ottimizzazione può essere compiuto anche più volte. Non sarebbe male lasciar passare un paio di giorni prima di effettuarlo per la seconda o terza volta. È un buon modo infatti per scoprire eventuali debolezze o errori ulteriori. Allo stesso tempo il contenuto vi entrerà sempre meglio in testa, il che risulterà assai vantaggioso ai fini dell'esposizione.

Esamino ulteriormente il manoscritto approntato e mi domando:

- **Quali sono i punti in cui mi perdo con eccessiva dovizia di particolari?**
- **Dove mi ripeto?**
- **Quali sono le asserzioni che possono confondere gli ascoltatori?**
- **Quali sono le affermazioni che deviano dal messaggio primario e non puntano dritto all'obiettivo del discorso?**
- **Le sequenze e la struttura hanno un ordine logico?**

Cosa occorre visualizzare?

I sussidi visivi sono necessari per le presentazioni, poiché cifre, diagrammi e altre rappresentazioni non possono essere esposte a parole con sufficiente chiarezza. Le lavagne luminose col tempo sono state via via sempre più spesso rimpiazzate da PowerPoint, che permette di creare meravigliose rappresentazioni a colori, una vera gioia per gli occhi.

Purtroppo questa forma moderna e in sé attraente di visualizzazione ha preso a tal punto piede che spesso le conferenze finiscono per limitarsi a un commento delle immagini o dei grafici mostrati con PowerPoint. In questo modo però la relazione diventa una pura e semplice proiezione, informazione e spiegazione di dati e perde il suo carattere di discorso persuasivo. Coi soli grafici è difficile che possiate convincere qualcuno: per far ciò occorrono spazi più ampi di discorso libero.

Nonostante ciò, sono dell'opinione che difficilmente si possa rinunciare alle immagini di PowerPoint. Tuttavia si impone un compromesso: cercate di alternare singole stringhe di discorso libero alla proiezione di una serie di diapositive, perché se durante tutto l'intervento non fate altro che mostrare un'immagine dopo l'altra, non avrete mai la possibilità di incrementare la forza retorica del discorso e mantenere una certa suspense (v. Illustrazione 1).

-/-/-/-/-/-/-/-/-/-/-/-/-/-/-/-/-/-

Illustrazione 1
- = discorso / = diapositiva

Fate così: iniziate con un segmento di discorso libero della durata di qualche minuto. In questo modo avrete la possibilità di stabilire un contatto con gli ascoltatori, creare un'atmosfera piacevole e una certa suspense. Poi mostrate alcune diapositive di seguito, facendo i vostri commenti. Fate però attenzione che questi commenti siano vivaci e possano farvi mantenere il contatto con l'uditorio, perché spiegare in maniera monotona ha effetto soporifero! Poi riprendete a parlare liberamente per qualche altro minuto e fate salire la tensione. Al termine di questa ulteriore stringa di discorso seguiranno ancora altre diapositive che andrete a commentare. Ripetete questo ciclo più volte. Avvicinandovi al termine della presentazione dovrete parlare in maniera libera abbastanza a lungo da poter poi realizzare un altro crescendo finale (v. Illustrazione 2).

————/////———————————///////////————

Illustrazione 2
- = discorso / = diapositiva

Per prima cosa preparate la presentazione con PowerPoint, che potete magari anche consegnare, così com'è, a ciascun ascoltatore come documentazione. A questo punto riguardate ancora la presentazione e decidete quali diapositive utilizzare per l'esposizione in pubblico e quali no. Potete tranquillamente limitarvi a mostrare gli elenchi puntati; sono senza dubbio sufficienti. Nei miei corsi, di solito riduco sensibilmente il numero delle diapositive da mostrare per creare spazi più ampi per il discorso libero e, per esempio, da quaranta immagini – che comunque gli ascoltatori riceveranno come materiale di documentazione – arrivo a farne vedere soltanto cinque durante l'intervento. Quasi sempre infatti c'è la tendenza a voler mostrare troppo materiale. Riflettete su un punto: per ogni diapositiva che rinunciate a mostrare avrete maggiori opportunità di parlare liberamente e quindi di appassionare il vostro pubblico!

Rivedo con occhio critico la presentazione fatta con PowerPoint:

- **Depenno tutte le diapositive e i grafici superflui.**
- **Rifletto su ciò che non è davvero indispensabile mostrare durante l'intervento, ma che tuttavia può essere utile consegnare al pubblico come documentazione.**
- **Limito le diapositive ad alcune sequenze soltanto per poter ritagliare più tempo da dedicare al discorso libero, quanto meno all'inizio e alla fine.**

Gag

Un padre gesuita amico mio è noto per le originali gag che introduce nei suoi sermoni. Di recente, durante un discorso, ha mostrato una forchetta allungabile fino a un metro per poter rubare il cibo ai vicini di tavolo senza che se ne accorgano. Altre volte si avvale di un burattino per sottolineare in modo divertente le sue esternazioni. Ricordo che in un'occasione ero seduto in prima fila ad ascoltarlo e lui dal palco mi ha lanciato in regalo un paio di bretelle con grosse croci elvetiche, suscitando grande ilarità nel pubblico.

Un partecipante a un mio seminario, durante il discorso che aveva preparato, scelse di rappresentare in maniera teatrale il fatto che, con certi clienti, era costretto per prima cosa a « frantumare » la loro impostazione mentale perché potessero poi essere recettivi nei confronti di un'idea nuova: per descrivere la situazione prese un piatto, lo appoggiò rovesciato sul tavolo e lo distrusse con un martello. I cocci schizzarono in tutte le direzioni. L'effetto fu grandioso.

Ricordo un altro tizio che, durante il discorso, aveva invitato gli ascoltatori ad alzarsi per verificare se sotto la sedia ci fosse attaccato qualcosa. Alcuni spettatori vi trovarono una banconota da cinquanta franchi e l'oratore aveva detto: « Vedete, i soldi sono per strada, occorre soltanto che vi chiniate per raccoglierli! »

C'è anche un'altra esibizione che non ho mai dimenticato: quella volta l'oratore, nel bel mezzo del discorso, disse: « Basta imparare il modo giusto per cadere, se vogliamo che non ci succeda niente! » Così dicendo si buttò all'indietro e cadde a terra sdraiato. Rimanemmo tutti sgomenti temendo che fosse morto, ma lui a quel punto si rialzò e cominciò a ridere. Evidentemente aveva messo a punto una tecnica per cadere senza farsi male.

Simili trovate comiche rimangono senza dubbio impresse nella memoria. Anch'io una volta, all'interno dei miei interventi, inserivo alcune sorprese che suscitavano una forte impressione sul pubblico. Poi però ho smesso, perché voglio essere io stesso « lo spettacolo ».

Le gag hanno spesso un effetto molto divertente e possono diventare il momento clou di un evento. Decidete di volta in volta se intendete avvalervene. È tutta questione di target e temi da trattare. Per essere sicuri che una gag sia davvero originale come ve la immaginate, dovrete però fare una sorta di prova generale con un pubblico ristretto. In questo modo eviterete di spaventare la platea o magari di fare addirittura una figuraccia.

È ovvio che, se si riesce a introdurre un po' di vivacità e di sorpresa in mezzo al paesaggio per lo più grigio e monotono delle classiche conferenze e presentazioni, se ne ricava sicuro vantaggio: gli ascoltatori ve ne saranno certamente grati. Le gag tuttavia hanno la caratteristica di essere uniche e irripetibili: può risultare molto imbarazzante sentire riproporre svariate volte la stessa trovata comica. Per la stessa ragione non è consigliabile copiare altri, poiché così facendo rischiate che il pubblico conosca già quella battuta. Ciò nuocerebbe alla vostra reputazione e remerebbe contro il vostro obiettivo di affermare il vostro « marchio di personalità ».

Tenete a mente una cosa: siete voi lo spettacolo! Siete un unicum e non correte perciò il pericolo che qualcun altro abbia il vostro stesso risultato!

- **Rifletto di volta in volta se sia opportuno introdurre una gag e quale.**
- **In ogni caso la sperimento con una prova generale.**

Dare forza emotiva all'argomentazione

Nei discorsi, nelle conferenze e nei colloqui, si tende a procedere e argomentare soprattutto a livello razionale. Si ritiene infatti che quanti più dati e cifre si presentano, tanto più si riesca a convincere l'uditorio; perciò, qualora si abbia la sensazione che l'ascoltatore o l'interlocutore sia ancora scettico, si forniscono ulteriori argomenti. Ma in effetti questo modo di procedere si dimostra spesso errato. Si ottiene infatti molta più efficacia rafforzando l'argomentazione a livello emotivo, esprimendo cioè i propri sentimenti. Leggete i tre seguenti esempi di argomentazione, dove la prima frase è sempre puramente razionale, la seconda è legata all'emotività:

1) « Varrà di certo la pena fare questo investimento. La nuova apparecchiatura è affidabile e ridurrà i costi di produzione. In due anni la spesa sarà ammortizzata. »
2) « Mi sento sempre rafforzato nelle mie convinzioni quando i nostri clienti mi confermano che l'investimento è valso la pena e che la spesa per l'apparecchiatura è stata ammortizzata in due anni. Sono assolutamente convinto che sarà così anche per voi e non vedo l'ora che giunga il momento in cui me lo confermerete. »

1) « Dobbiamo tagliare duecento posti di lavoro per ri-

durre i costi, altrimenti non potremo più essere concorrenziali sul mercato internazionale.»

2) «Mi crea un forte disagio e mi pesa molto dover essere costretti a tagliare duecento posti di lavoro, ma temo che altrimenti non potremo più essere concorrenziali sul mercato internazionale.»

1) «Il passaggio al nuovo sistema non presenta problemi, chi deve utilizzarlo si abituerà molto in fretta al nuovo funzionamento.»

2) «Se temete questo cambiamento, posso tranquillizzarvi. Rimango sempre sorpreso dalla facilità con cui gli operatori si abituano al nuovo funzionamento.»

Nella seconda di ciascuna coppia di argomentazioni, chi parla partecipa in prima persona. Come? Esiste una vecchia regola che vuole che in un discorso o in un colloquio persuasivo si debba usare il meno possibile il pronome «io» e preferire invece il plurale, «noi». Questa regola è valida oggi come ieri. Occorre soltanto differenziare tra livello razionale e livello emotivo del discorso.

A livello razionale, nella constatazione di dati di fatto, è meglio usare il «noi»:

- «Abbiamo raggiunto il nostro obiettivo».
- «Ce l'abbiamo fatta.»
- «Siamo riusciti a sviluppare un nuovo prodotto.»
- «Il nostro gruppo di lavoro si impegna strenuamente per trovare soluzioni nuove.»
- «Remiamo tutti dalla stessa parte.»

Ma a livello emotivo si deve dire «io»:

- «Sono assolutamente convinto».
- «Mi dispiace molto.»
- «Mi rincresce enormemente.»

- « Sono preoccupato. »
- « Sono rimasto affascinato. »
- « In ciò vedo una grande opportunità. »

Del resto non si può disporre dei sentimenti altrui e dire per esempio: « Siamo tutti affascinati! »

Esprimendo i vostri sentimenti riuscite a comunicare non solo sul piano razionale – cosa che sortirebbe un effetto di estrema durezza – ma anche su quello emotivo. Andate in questo modo a sviluppare il cosiddetto « softpower » (v. « Hardpower e softpower »), che vi consente di mettervi in luce, dal momento che quasi nessuno lo fa.

Se siete costretti a parlare di qualcosa di sgradevole, vi sentirete forse un po' a disagio, no? Ma l'ascoltatore se ne accorge, tanto più che voi lo dimostrate col vostro linguaggio corporeo. Lo stesso accade con le sensazioni positive: le trasmettete al pubblico e le dimostrate attraverso il linguaggio corporeo (v. « Ciò che rivela il linguaggio corporeo »). È quindi del tutto normale esprimere anche a parole tali sentimenti!

Riguardate ancora una volta il vostro testo scritto e riflettete su dove, per esempio, potreste dire:

- « Questi problemi pesano molto anche a me. »
- « Anch'io, come voi, sono molto preoccupato. »
- « Sono fiducioso che questa sia la strada giusta. »
- « Mi sta molto a cuore che... »
- « Ho la piacevole sensazione che... »
- « Ritengo che sia molto importante... »
- « Mi fa battere il cuore... »
- « Sono orgoglioso di... »
- « Ho fiducia in... »
- « Faccio affidamento su... »
- « Questo mi irrita. »
- « Ciò mi dà da pensare. »
- « Questo mi preoccupa. »

- « Ciò mi pesa. »
- « Ho la sgradevole sensazione che... »
- « Sono sconvolto. »
- « Sono commosso. »
- « Sono triste. »
- « Sono scosso. »
- « Sono in forte apprensione. »
- « Mi fa male. »
- « Ciò mi inquieta. »
- « Mi sento colpito personalmente. »
- « Sono dubbioso. »
- « Mi disorienta il fatto che... »
- « Sono scioccato. »
- « Mi fa paura... »
- « Mi rallegra molto il fatto che... »
- « Mi fa straordinariamente piacere che... »
- « Sono del tutto convinto che... »

Le espressioni « mi fa piacere », « mi rallegro » e « sono convinto » vengono usate abbastanza spesso, e sono quindi logore. Per questo le ho leggermente modificate.

Poiché oggigiorno è piuttosto insolito che si esprimano i propri sentimenti nei discorsi pronunciati in pubblico e nelle conferenze, dovreste segnarvi queste annotazioni nei punti opportuni del vostro manoscritto.

Ho il coraggio di esprimere i miei sentimenti:
- **Riguardo una volta ancora il mio testo scritto e mi chiedo in quali punti posso esprimere le mie emozioni.**
- **Annoto queste « indicazioni emotive » sul manoscritto per non dimenticarmele durante la relazione.**

Il discorso « di tre minuti »

Diventa sempre più importante riuscire a farsi valere nel minor tempo possibile: nei posti di comando, nel commercio, in politica. Le persone infatti hanno sempre meno tempo e sono sempre più impazienti. Chi non è in grado di esprimersi in maniera chiara e precisa fin dal primo momento, dà l'impressione di non sapere ciò che vuole, e questo risulta fatale. In una grande azienda tedesca farmaceutica di successo, diretta con mano decisa dal suo padrone e fondatore, agli alti dirigenti viene richiesta la capacità di esprimersi in maniera chiara e sintetica. Durante le riunioni che il dirigente superiore organizza periodicamente, infatti, ogni top manager ha l'opportunità di esporre una richiesta, ma per far ciò gli vengono concessi soltanto tre minuti di tempo. È libero di impiegare qualsiasi tipo di ausilio, ma se sfora anche di pochi secondi, viene fermato all'istante. Una volta terminato il breve intervento, il capo fa un lieve cenno della testa oppure la scuote in modo vistoso, volendo significare rispettivamente « D'accordo! » oppure « Negativo! » Non c'è da discutere. La stessa richiesta non può essere riproposta una seconda volta in una delle successive riunioni. Questo modo di procedere, dall'aspetto piuttosto singolare e autoritario e che tuttavia in questa azienda si è dimostrato molto efficace, insegna alle forze dirigenziali a preparare con estrema cura i propri discorsi « di tre minuti » e a esporli in maniera da sortire l'effetto giusto.

Ma nelle riunioni è sempre così: se nei primi tre minuti non è chiaro ciò di cui si vuol parlare e quali sono le conseguenze di una proposta, non ne nascerà granché neanche in seguito, neppure se si procede ad argomentare e discutere per ore e ore.

Ma com'è possibile esprimere l'essenziale in soli tre minuti e convincere in modo credibile gli altri delle vostre richieste, destando entusiasmo per le vostre idee e persuadendoli alla cooperazione o motivandoli alla collaborazione? Procedete nel modo descritto nel capitolo « Struttura del discorso ». Richiamatene alla memoria i criteri e scegliete gli argomenti migliori. In questo modo avrete una buona opportunità di ottenere il massimo dei risultati col minimo di tempo.

Preparo un discorso « di tre minuti » secondo i seguenti criteri:

- **Descrizione dei fatti.**
- **Enunciazione di una tesi formulata come opinione personale.**
- **Motivazione della tesi:**
  - **Argomenti a carattere dimostrativo (attendibili e credibili).**
  - **Raffronti.**
  - **Esempi (di vita vissuta personalmente, tratti dal qui e ora).**
  - **Magari una citazione.**
- **Frase conclusiva.**

PARTE SECONDA

L'EFFETTO DELLA PERSONALITÀ

L'impressione che date è più importante di ciò che dite. Questo significa forse che potete impunemente raccontare sciocchezze? No, non intendo affatto dire questo. Parto dal presupposto che nessun oratore che occupa una posizione di responsabilità e che si presenta di fronte a un pubblico scelto e interessato – o magari in televisione – dica fesserie con precisa intenzione di dirle. Tuttavia qualche volta ci viene legittimamente da pensarlo. In genere, tuttavia, il contenuto di conferenze, presentazioni e relazioni non fa una piega. Ma siamo proprio sicuri? Purtroppo, in realtà molto spesso non è affatto così! Se i contenuti non vengono esposti in maniera severamente ordinata in successione logica e non vi è riconoscibile una struttura nitida, spesso ciò che l'oratore vorrebbe in effetti dire passa del tutto inosservato.

Chi parla deve avere qualcosa da dire, chi non ha niente da dire è meglio che non parli.

Non tutti gli oratori però ne sono davvero consapevoli. Qualche volta ho l'impressione che alcuni oratori procedano nel modo seguente: «Come posso sapere ciò che penso, prima di aver sentito quello che dico?»

Riguardo al contenuto, al «che cosa» del vostro discorso, ho parlato nella prima parte di questo libro.

Adesso, nella seconda parte, ci occuperemo di fare in modo che l'effetto che suscitate sugli ascoltatori sia tale che anche il contenuto del discorso venga percepito con altrettanta forza. È l'impressione che *voi* date a essere decisiva sul modo in cui gli ascoltatori percepiranno il vostro messaggio e i vostri argomenti. Gli argomenti in sé possono anche essere validi, ma se non li esponete con la dovuta carica espressiva data da una forte personalità, l'effetto che suscitano è debole.

I forti oratori hanno forti argomenti, gli oratori deboli hanno argomenti deboli.

Qual è il commento di un ascoltatore dopo un discorso interessante, avvincente e divertente? « Com'è stato bravo! » Valuta cioè, in primo luogo, l'oratore come persona.

Lo show siete voi! L'effetto che s'intende raggiungere con una conferenza è il punto centrale dei miei seminari e corsi. È sorprendente constatare quanti progressi possono essere compiuti in breve tempo. Un oratore che nelle sue esposizioni aveva generalmente dato l'impressione di essere arrogante e supponente, all'improvviso risultava piacevole, umano e credibile. Un altro, considerato fino a quel momento debole e poco convincente, d'un tratto sfoggiava una forma di cui non lo si sarebbe ritenuto capace.

Cosa costituisce una forte personalità oratoria? Leggete con attenzione i capitoli seguenti e soffermatevi sugli elementi che vi riguardano in prima persona. Esistono poche regole valide per tutti, a cui attenersi se si vuole fare buona impressione come oratori. Nel complesso dovete trovare da soli la strada per poter rafforzare la vostra efficacia. La cosa importante è che manteniate la vostra autenticità, senza mai appropriarvi delle « trovate » di qualcun altro, che a voi non si addicono. Chi per natura parla a bassa voce, non potrà tutt'a un tratto mettersi a sbraitare in mezzo a una sala senza provocare un effetto scioccante sugli ascoltatori. Una persona tranquilla di carattere non può cominciare un bel giorno a gesticolare animatamente; per sua natura adotterà una gestualità pacata, perché qualsiasi altra cosa risulterebbe una forzatura.

Siate scettici riguardo a ciò che vi consigliano gli altri. I consigli dati anche in buonafede possono rivelarsi inadeguati e volgere al negativo l'effetto che provocate. Cercate un feedback obiettivo solo da persone oneste, insegnanti di retorica competenti e professionisti che si intendono di effetti della personalità.

Cerco di rendermi conto dell'effetto che suscito sui miei ascoltatori:
- **A tal fine procedo con cautela e non devo credere a tutto ciò che mi viene detto.**
- **Mi aspetto un feedback obiettivo solo da persone competenti nel campo della retorica e degli effetti della personalità e che siano oneste nei miei confronti.**

Hardpower e softpower

Nella comunicazione interpersonale ci muoviamo sempre su due livelli, come ci dimostra questa illustrazione.

Hardpower
Livello oggettivo
Fatti + dati

esporre
spiegare
motivare
dimostrare
convincere
(eventualmente dissuadere)

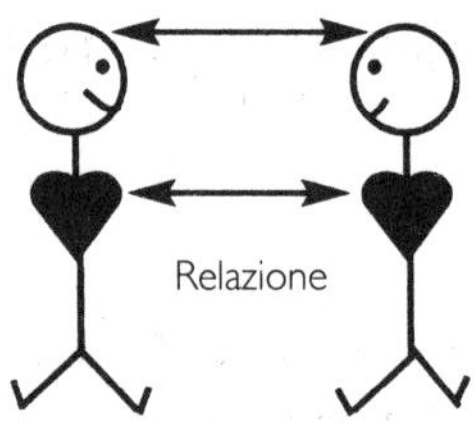

Softpower
Livello emotivo
Sentimenti personali
Linguaggio corporeo

coinvolgere
far partecipare
suscitare simpatia
motivare
appassionare
convincere
destare fiducia

Illustrazione 3

A *livello oggettivo* – il piano razionale – si comunicano fatti e cifre; ovverosia si spiega, si motiva e si dimostra come stanno le cose. Verrebbe quindi da pensare che con l'***hardpower***, vale a dire coi dati di fatto nudi e crudi, si può convincere gli ascoltatori. Eppure a tutti quanti è capitato di ascoltare argomentazioni allettanti, vedere cifre impressionanti e partecipare a presentazioni ed esposizioni convincenti che in seguito si sono dimostrate non valide. È proprio quando tutto pare troppo perfetto e lineare che possono sorgere i dubbi. I grandi scandali degli ultimi anni hanno scosso la nostra fiducia. Non siamo più disposti a credere ciecamente a tutto. L'hardpower non basta più a persuadere la gente in maniera duratura, una volta per tutte.

Per questo motivo, in un discorso persuasivo è importante comunicare soprattutto a *livello emotivo*, vale a dire sul piano dei sentimenti. Il vostro linguaggio corporeo, le vostre sensazioni, il vostro atteggiamento, sono tutte cose di notevole importanza. È questo il ***softpower***. Per mezzo del softpower potete rivolgervi ai vostri ascoltatori toccando il piano emotivo, conquistare la loro simpatia e creare un rapporto di fiducia. È così che potete smuovere il pubblico, appassionarlo e convincerlo in maniera definitiva. Cosa che non sarebbe possibile presentando soltanto « fatti e dati » e rimanendo esclusivamente sul piano razionale (v. « Dare forza emotiva all'argomentazione »).

Distinguo tra livello emotivo e livello oggettivo:

- **Sul piano razionale comunico dati di fatto.**
- **Sul piano emotivo trasmetto agli ascoltatori delle sensazioni (tramite il linguaggio corporeo, il carisma e l'atteggiamento).**

Ciò che rivela il linguaggio corporeo

Parla, affinché io possa vederti
Proverbio antico

Il corpo segue l'atteggiamento interiore. Il linguaggio corporeo esprime ciò che accade dentro di noi, senza possibilità d'inganno. Nessuno infatti può tenere sotto controllo i segnali inconsci del corpo. L'effetto d'insieme che suscitate è determinato per oltre il 90 percento dal linguaggio corporeo e soltanto per il 10 percento dal contenuto del discorso. So che vi sembra impossibile; io stesso non avevo mai voluto crederci davvero, finché, poco dopo la caduta del Muro, ho avuto la possibilità di organizzare dei seminari per una grande azienda negli Stati dell'Est europeo (Polonia, Ungheria, Repubblica ceca e Romania). Io parlavo in inglese e ogni frase della mia relazione doveva essere tradotta da un interprete, così come le domande dei partecipanti e le mie conseguenti risposte. Per questo motivo ogni volta riuscivo a trattare soltanto il 70 percento circa degli argomenti che di solito affronto in queste circostanze e il ritmo degli interventi risultava molto rallentato. L'esito? Con mia grande sorpresa ottenni risultati molto più soddisfacenti del solito! Dal momento che tra me e i partecipanti sussisteva un problema linguistico, il nostro linguaggio corporeo assunse un'importanza ancora maggiore. Nelle lunghe pause di traduzione potevamo osservarci reciprocamente con attenzione e così abbiamo imparato a capirci più in fretta e meglio, e il mio lavoro persuasivo ne è risultato di gran lunga alleggerito.

Nelle scuole di teatro gli attori imparano attraverso il « pensiero » a « riempire » con la propria personalità un ruolo che all'inizio è « vuoto ». Durante le prove i registi danno disposizione agli attori di pensare le cose appropriate. Gli attori imparano a produrre dentro di sé le necessarie sensazioni situazionali e momentanee – a richiesta, per così dire – creando consapevolmente i pensieri giusti per suscitarle. I pensieri generano dunque i sentimenti. Di conseguenza, la voce verrà modulata in modo adeguato e automaticamente si generano la mimica, la gestualità e l'atteggiamento corporeo desiderati. Ci si esercita sempre più « dall'interno verso l'esterno » e sempre meno « dall'esterno verso l'interno ». Sempre più di rado si sente impartire disposizioni del tipo: « Adesso fai tre passi! Sorridi! »

Il buon attore non rappresenta qualcuno, lui *è* la persona che viene rappresentata. Ce ne accorgiamo benissimo quando per esempio in un determinato passaggio l'attore dev'essere profondamente triste e versa lacrime vere. Questo processo può spingersi addirittura fino al punto di giungere a un cambiamento di personalità, per cui l'attore non sa più distinguere con chiarezza tra sé e il personaggio che sta rappresentando; non riesce più a identificarsi completamente con se stesso e modifica, in pratica più volte, la propria identità emotiva.

Ognuno di noi percepisce il linguaggio corporeo degli altri a livello inconscio e mette in continuazione a confronto i segnali corporei col messaggio orale che riceve. È proprio la mimica a svelare più informazioni. Ci accorgiamo per esempio dello scarto tra una bocca che ride e uno sguardo serio. Gli uomini sono per natura in condizione di individuare, in maniera abbastanza affidabile, qualsiasi incongruenza (deviazione) tra parole e segnali del linguaggio corporeo ed è per questo che in tal caso mettiamo subito in dubbio ciò che udiamo.

Secondo il mio parere, però, ha poco senso rendersi costantemente conto dei diversi segnali del linguaggio corporeo e volerli interpretare sempre sul piano razionale. Sarebbe un processo troppo complicato e lento. Dovremmo piuttosto fare affidamento sul nostro intuito che ci suggerisce ciò che i singoli segnali indicano. Questa voce interiore infatti dice quasi sempre la verità. Dobbiamo solo darle più ascolto. Secondo Carl Gustav Jung la percezione e l'esatta interpretazione dei segnali del linguaggio del corpo sono in ogni caso archetipiche, nel senso che le persone non devono apprenderle, perché sono innate.

Il linguaggio del mio corpo esprime il mio atteggiamento e i miei sentimenti:

- **Poco prima di iniziare il mio intervento «penso» ai miei obiettivi e messaggi.**
- **Durante la relazione «penso» incessantemente alle mie argomentazioni, prima di pronunciarle.**

Migliorare la postura

Fin dal primo momento in cui entrate nel campo visivo degli ascoltatori, sarete osservati con attenzione e analizzati nel vostro aspetto centimetro per centimetro. In fondo siamo curiosi e vogliamo capire chi è la persona che sta per parlarci. Agli ascoltatori balza subito agli occhi il modo in cui vi avvicinate al palco da cui parlerete:

la vostra andatura non dovrà essere troppo sciolta né tantomeno danzante, poiché così nuocereste alla vostra efficacia di oratore e alla vostra credibilità, prima ancora d'aver aperto bocca. Dovrete invece incedere verso il palco con dignità, a passi misurati, se volete fare fin dall'inizio una buona impressione. Ciò richiede concentrazione e allenamento. Anche se questo modo di incedere non corrisponde esattamente alle vostre abitudini, vi consiglio di imparare. Forse questa è l'unica eccezione alla mia raccomandazione di mantenere la vostra autenticità. Il fatto è che il modo in cui l'oratore si avvia verso il palco esprime agli occhi del pubblico il grado di rispetto che quello porta nei confronti di questo. Se si avvicinerà al palco in maniera troppo disinvolta, il pubblico potrebbe avere la sensazione di godere di scarsa considerazione. Non correte questo rischio! Nelle mie lezioni raccomando ai clienti di avviarsi verso il palco come se avessero dieci chili di piombo su ciascun piede!

Adesso siete sul palco. Dovete senza indugi ordinare i vostri appunti e verificare che il computer faccia girare il programma PowerPoint. È importante che sia già tutto pronto quando iniziate. Se, prima di cominciare a parlare, sistemate il materiale con cura e con la dovuta calma, addirittura la suspense aumenta.

Adesso occorre che stabiliate un contatto visivo col pubblico (v. «Contatto visivo con gli ascoltatori»).

Prima di iniziare a parlare, sistematevi bene su entrambi i piedi e state fermi. Non dico che durante il discorso non dobbiate muovervi: se siete tipi pieni di temperamento e avete voglia di muovervi, sarebbe una tortura dover rimanere inchiodati per tutto il tempo e gli ascoltatori si accorgerebbero senz'altro molto presto che non vi sentite a vostro agio. La cosa importante, tuttavia, è la direzione in cui vi muovete. Un relatore che va in continuazione a destra e a sinistra o che si muove incessantemente da una gamba all'altra, denota irrequietezza. Dopo un po' al pubblico verrebbe il mal di mare a vedere quel continuo oscillare di qua e di là. Per non cadere in questo tipo di atteggiamento dannoso, di cui difficilmente ci si libera, pensate al seguente episodio: un famoso attore cinematografico – credo che fosse Clark Gable – un giorno venne intervistato alla televisione: « Lei ha avuto un grande successo fin dall'inizio della sua carriera; già nel suo primo film è stato perfetto da tutti i punti di vista! »

« Non è vero », ribatté lui, « in occasione del mio primo film il regista mi disse: "Te ne stai lì in piedi in modo sbagliato". Allora gli domandai: "Che cosa dovrei fare?" E mi dette questo consiglio: "Se ti concentri su tutt'e due le gambe e muovi un po' le dita dei piedi fino ad avvertire l'energia della terra che fluisce dentro di te, ecco che starai in piedi nel modo giusto!" »

Fate anche voi così e aspettate fino a che non avvertite la sensazione di essere saldamente ancorati a terra. Soltanto allora iniziate a parlare. A quel punto, se volete, potete muovervi, ma in avanti, verso il pubblico, per poi tornare indietro. Questo tipo di movimento non disturba affatto, ma anzi rafforza ulteriormente l'effetto del discorso. Gli ascoltatori infatti hanno così la sensazione che stiate andando loro incontro. Se assumete una postura ben eretta fin da subito, seguendo il sistema appena descritto, vi verrà poi automatico ritornare ogni volta al punto di partenza, come se vi foste autoprogrammati. La posizione iniziale è quella a cui farete sempre ritorno, in maniera naturale.

Tenete quindi una posizione eretta, tuttavia fate attenzione a non tenere la testa troppo alta o a portarla all'indietro, perché questo potrebbe darvi un'aria altezzosa e arrogante. Potete invece chinare di tanto in tanto il capo quando guardate i singoli ascoltatori; questo produce un effetto di coinvolgimento, serietà e modestia.

Stare in posizione eretta conferisce al discorso maggior rilievo e prestigio e ne guadagnerete in dignità e credibilità.

Presto attenzione alla postura:

- **Mi avvicino al palco a passi misurati.**
- **Mi posiziono su entrambi i piedi.**
- **Sto dritto, fermo e concentrato.**
- **Posso muovermi, ma sempre verso gli ascoltatori, per poi tornare indietro.**
- **Non alzo troppo la testa e non la tiro indietro, la chino solamente quando guardo i singoli ascoltatori.**

Rafforzare la gestualità

Le mani sono strumenti del linguaggio: vogliono parlare. Tuttavia l'esigenza di far parlare le mani è molto soggettiva: una persona esuberante ha naturalmente anche una gestualità carica di temperamento; un tipo tranquillo farà meno movimenti, e comunque pacati, con le mani.

Se le bloccate, congiungendole davanti o dietro il busto o incrociando le braccia, non riuscirete a parlare a lungo e il corpo comincerà a eseguire torsioni non molto piacevoli da vedere. C'è chi infila la mano sinistra nella tasca dei pantaloni e tiene nella destra il puntatore laser. Ma non è gestualità!

La gestualità è il prolungamento della personalità.

Non pensate alle mani e vedrete che il discorso comincerà a fluire per conto suo. All'inizio lasciate cadere le braccia rilassate lungo i fianchi, anche se vi potrà risultare non spontaneo; vedrete che dopo un po' le mani cominceranno a muoversi. Tenete presente però che fintanto che rimangono al di sotto del livello della cintura la gestualità non è ancora efficace. Piano piano, tuttavia, le mani cominceranno a salire sempre più su e si svilupperà una gestualità del tutto naturale, coerente alla vostra personalità. Le mani e le braccia sottolineano ed evidenziano le dichiarazioni in sintonia con lo spirito.

L'effetto globale che ne scaturisce è forte e naturale ed è costituito dal linguaggio verbale e da quello corporeo insieme.

Il gesto naturale precede la parola.

Se un oratore dice: « Soltanto uno ha capito! » e *poi* alza il dito indice, l'effetto del suo gesto sarà forzato e artificioso. Se invece *prima* alza il dito, l'effetto sarà del tutto naturale. Nel secondo caso infatti l'indice si muove in maniera intuitiva e automatica, prima che vengano pronunciate le parole. Questo succede se non si bada a quello che fanno le mani: agiscono nel momento giusto e in completa autonomia.

Gli uomini possono anche, ogni tanto, infilare una mano, o addirittura entrambe, nella tasca dei pantaloni, ma mai per troppo tempo! In nessun caso un oratore deve mettersi in questa posizione prima di iniziare il discorso, perché assumerebbe un'aria troppo informale e denoterebbe scarsa considerazione nei confronti degli ascoltatori.

Tenere in mano una penna o una matita dà un'aria saccente e conferisce il tono cattedratico di chi vuol sempre aver ragione. È un brutto vizio che talvolta constato tra i miei nuovi clienti e tra i partecipanti ai seminari. Allora tolgo loro quell'accessorio dalle mani. Le mani devono essere libere affinché possa esprimersi una gestualità naturale e intensa.

- **Non blocco le mani, ma anzi lascio che facciano ciò che vogliono.**
- **Se devo utilizzare uno strumento – penna, puntatore laser o bacchetta – dopo averlo usato lo rimetto subito via.**

Affrontare nel modo giusto il timore improvviso di parlare in pubblico

Chiedo sempre a oratori esperti, cantanti o presentatori televisivi se vengono mai colti dal cosiddetto « trac », ovvero il timore improvviso che prova chi si accinge a parlare o esibirsi di fronte a un pubblico. Tutti, senza eccezioni, ammettono di provare qualcosa del genere, a volte per esempio sotto forma di un leggero prurito. Tutti si sentono tesi e intimiditi, impazienti di iniziare il proprio intervento, colmi di aspettative per la prova che stanno per affrontare e all'inizio risultano spesso nervosi.

Anch'io provo sempre una forte tensione. Addirittura comincio ad avvertirla non appena mi viene assegnato l'incarico di tenere una relazione o un seminario. Quando so, per esempio, che da lì a quattro mesi sarò l'ultimo relatore chiave in programma all'interno di un importante convegno internazionale e che sarò annunciato come « pietra miliare e caposcuola dei trainer svizzeri, sempre pronto alle sorprese e quindi sicuramente capace di dare al convegno una degna conclusione », comincio ad avvertire un brivido freddo corrermi lungo la schiena. Ho sempre il forte timore di non soddisfare le aspettative. È una debolezza? È mancanza di autostima, mancanza di fiducia?

Non credo. Sono del parere che il trac sia un'emozione del tutto naturale e normale. Un famosissimo presentatore televisivo, amico mio, che da molti anni conduce una trasmissione settimanale sulla televisione svizzera, riscuotendo un indice di ascolto che arriva fino al 40 percento, mi rivelò una volta che prima di andare in onda gli prende un tale panico che preferirebbe saltare giù dalla finestra.

Una gran fifa è il prezzo che è costretto a pagare chi ottiene successi che vanno oltre la media.

Sebbene la ragione e l'intelletto debbano suggerire che i successi fino a quel momento raggiunti sono una sorta di garanzia per successivi esiti positivi, che l'esperienza maturata è notevole e che di certo la volta dopo andrà altrettanto bene, l'inconscio si dissocia. Nascosta nel profondo di molti di noi si annida evidentemente la grande paura di non essere in grado, la volta successiva, di fare altrettanto bene. In tutto questo c'è comunque una certa logica: se l'ultima volta si è avuto un successo tale da ricevere una *standing ovation*, chi ci dà la certezza che ciò accada di nuovo? Maggiori i successi, più forti i timori; ecco come la penso.

È interessante notare che il trac del relatore non viene mai considerato una debolezza dagli ascoltatori, che anzi lo percepiscono come una forma di coinvolgimento emotivo nei loro confronti. L'impressione che ricevono infatti è che il relatore sia davvero interessato a loro. L'effetto che ne scaturisce è molto positivo. Un oratore che all'inizio dell'intervento è colto dal trac, viene fin dal primo istante sostenuto dagli ascoltatori che provano il desiderio spontaneo di aiutarlo. Se un oratore inizia troppo sicuro di sé, avviene l'esatto contrario; gli ascoltatori pensano: « Ma chi si crede di essere questo! »

Spesso chiedo ai clienti dei miei corsi: « Vi assale un certo timore prima di parlare? »

Se qualcuno risponde: « No, mai! » io gli dico: « Allora bisogna vedere quel che posso fare per lei! » La mancanza di timore potrebbe segnalare indifferenza o troppo poco coinvolgimento e ciò sarebbe fatale. Oppure potrebbe essere segnale dell'illusione di sentirsi al sicuro: « Ah, è un gioco da ragazzi per me! » Secondo me, questo tipo di considerazione di sé può essere rischiosa.

Anche se si ripete lo stesso intervento più volte di seguito, ogni volta è diversa. A me è capitato di fare cinque interventi di fronte a centinaia di ascoltatori, a rotazione, sempre nella solita azienda, e aver avuto alla quinta volta l'impressione di non centrare l'obiettivo. Per quanto facessi, mi rimaneva la sensazione che il discorso non funzionasse come doveva. In un secondo tempo però mi resi conto che le sensazioni mi avevano ingannato, perché il *rating* (indice di gradimento del discorso da parte del pubblico secondo determinati parametri) era addirittura maggiore di quello decretato dai gruppi precedenti. Le sensazioni possono ingannare talvolta, me ne rendo conto. Per esempio, ricordo che, quando per sport correvo in auto e facevamo tra amici le gare in montagna, non sapevo mai che posizione occupavo e, di solito, quando avevo la sensazione che fosse andata benissimo, ero quasi in fondo, e viceversa. Ecco perché preferivo le corse su circuito: così sapevo sempre con esattezza come stavano andando le cose.

Ho imparato ad accogliere il trac come fosse un amico sgradevole e tuttavia benvenuto. Ogni volta la tensione in me è tale che negli ultimi minuti precedenti l'intervento sono addirittura inavvicinabile. Capita che allora qualcuno, per distrarmi, tenti di farmi fare due chiacchiere; in quel caso mi scuso – talvolta addirittura in modo brusco – dicendo che ho bisogno di concentrarmi. In generale in questo modo ottengo comprensione. Quindi mi ritiro, allontanandomi dal palco, dietro al sipario o mi siedo in prima fila in modo da dare la schiena a tutti e faccio i miei esercizi di respirazione (v. « Esercizi »). Questi esercizi riducono l'intensità del timore che mi assale, cosicché non mi paralizzi e comunque non mi sia di troppo impaccio.

Non appena pronunciate le prime tre frasi del discorso, però, il timore scompare e mi sento straordinariamente bene. Non riesco a spiegarlo in maniera precisa: è una sorta di chiarezza interiore che si crea; mi sento come sospeso in aria, ma al contempo forte e vitale. Le parole fluiscono con estrema facilità e mi sento traboccante di indicibile creatività e leggerezza e questa sensazione permane per tutta la durata del discorso. Il momento culminante è al termine dell'intervento, quando mi godo l'applauso, e ciò che provo è un'indescrivibile sensazione di felicità!

Accetto il timore che mi coglie prima di parlare:
- **Prima dell'inizio dell'intervento mi ritiro per alcuni minuti.**
- **Ripasso mentalmente la relazione che devo esporre.**
- **Faccio gli esercizi di respirazione per rilassarmi.**

La personalità come «marchio di fabbrica»

L'originalità sta scomparendo e si afferma sempre di più la tendenza all'uniformità. Dico sempre ai miei allievi: « Non tiratevi troppo a lucido, altrimenti va a finire che da quanto brillate non si vede più che moneta siete! » Una forte personalità lascia tracce inconfondibili.

Nei corsi di formazione e di aggiornamento spesso viene detto: « È così che si fa! » Ma se tutti « fanno così », come fa a emergere la personalità del singolo?

Tu sei più del ruolo che rappresenti, sei te stesso.
Padre Albert Ziegler

Siate autentici. Restate fedeli a voi stessi. È naturale che qualche volta siate costretti a interpretare il ruolo che vi viene affidato – nel mondo del lavoro succede spesso –, ma anche in questo rimanete sempre quelli che siete. Il ruolo si riferisce alla vostra funzione, non alla vostra identità.

1. Cerca di interpretare al meglio il tuo ruolo e imparane di nuovi, ma non buttarti anima e corpo in nessuno di essi.
2. Muovi le mani, ma ascolta la spinta che viene da dentro di te.
3. Ogni tanto appendi al chiodo tutti i tuoi ruoli, ma non te stesso.

Padre Albert Ziegler

Durante le lezioni e i seminari esercitiamo il «personal branding», cerchiamo cioè di scoprire il marchio di fabbrica, vale a dire il tratto personale caratteristico di ciascun partecipante. Ma quali sono i fattori di successo del «personal brand»? Autenticità, chiarezza, consistenza e coerenza.

Il successo di un tratto della personalità dipende da quanto la persona è consapevole della propria identità e della propria immagine pubblica. Per potervi presentare in maniera positiva, il vostro comportamento nei confronti di clienti, collaboratori e del pubblico deve sempre riflettere la vostra impronta e distinguersi in maniera decisa da quello altrui, in ogni ruolo.

Le personalità dotate di un «marchio di fabbrica» ben delineato, come la modella tedesca Verona Feldbusch (adesso coniugata Pooth) oppure Dieter Bohlen, ma anche dirigenti d'azienda di successo, restano sempre fedeli alle proprie caratteristiche. Per valorizzare al meglio la propria immagine occorre visibilità rispetto al target, cioè al pubblico che si vuole raggiungere; soltanto così infatti si costituisce un punto fermo per il target stesso.

Per rimanere sempre fedeli alle proprie parole ed emozioni occorrono coraggio e carattere. D'altra parte, chi rimuove o cerca di nascondere le emozioni interiori non può risultare credibile. Lo sa bene Christoph Blocher, consigliere federale svizzero: proprio per questo motivo infatti, se è profondamente contrario a una proposta di legge, non la sostiene in pubblico prima della votazione; in questo modo risulta onesto e autentico. Che poi il suo rifiuto vada a urtare il principio di collegialità che vige nel Consiglio Federale Svizzero (esecutivo), creando quasi una crisi di stato, è l'indesiderata conseguenza della sua coerenza. È tuttavia incontestabile il fatto che la sua sia una personalità forte e come tale riconosciuta anche dagli avversari.

Anche avere il coraggio di sostenere le proprie azioni fa parte del personal brand: « I did it my way » (l'ho fatto a modo mio), dice una delle canzoni più popolari al mondo. Quando tutti i relatori di una presentazione si limitano a mostrare una quantità di diapositive colorate e a commentarle, chi poi si presenta con un discorso libero, senza grafici di sorta, spesso può riscuotere molto più successo.

Ricordo che una volta un dirigente d'azienda dovette all'improvviso sostituire il suo capo, che si era ammalato, a un evento pubblico e aveva avuto due ore sole di tempo a disposizione per preparare su due piedi un discorso da tenere di fronte a centocinquanta persone. Era stato quindi costretto a parlare a braccio, senza alcun supporto visivo.

Eppure il suo intervento fu un successo strepitoso e raccolse un grandissimo applauso: si era infatti mostrato in tutta la sua naturalezza, presentandosi proprio qual era nella realtà, fresco, sprizzante d'energia e dinamismo, accattivante e simpatico. Difficilmente avrebbe messo in luce questo forte carisma se avesse soffocato il discorso con troppe diapositive, per quanto valide, e il suo imbarazzo iniziale, dovuto al fatto che non aveva potuto prepararsi a fondo, aveva suscitato negli astanti simpatia e partecipazione emotiva.

Una presunta debolezza agli occhi dell'uditorio può diventare un punto di forza e perfino caratteristiche personali negative possono costituire parte di un marchio di personalità.

> **Chi non ha cattive abitudini, probabilmente non ha neanche personalità.**
> *William Faulkner*

Conosco un top manager di grande successo che in verità per natura non è dotato di grande comunicativa. Pur essendo una persona di raffinata cultura e cortesia, infatti, talvolta ha modi un po' spigolosi e scontrosi, persino un po' collerici, che possono risultare fin troppo schietti e per qualcuno quasi offensivi. Tuttavia è molto apprezzato da collaboratori e collaboratrici e dal pubblico. Del resto l'amministratore delegato di un'azienda di sessantamila dipendenti capace di scusarsi con un concessionario d'auto per essere arrivato con due minuti di ritardo all'appuntamento fissato, lascia un forte segno.

Nel *personal brand* sono importanti anche gli elementi esteriori: un'immagine esteriore ben caratterizzata può suscitare nell'opinione pubblica un richiamo molto forte. Dieter Zetsche, manager della DaimlerChrysler USA, porta da anni un paio di baffoni inconfondibili. Lo sciatore acrobatico vallese, nonché proprietario alberghiero, Art Furrer, senza il suo cappello non sarebbe Art Furrer. Martin Ebner, il controverso banchiere elvetico, senza il suo papillon forse rimarrebbe molto meno impresso (se in maniera positiva o negativa resta da vedere). La consigliera federale e ministro degli esteri svizzero, Calmy-Rey, senza quell'originale acconciatura a caschetto bicromatico non farebbe la stessa forte impressione.

Il *personal branding* rappresenta un'autentica opportunità per emergere in una società sempre più competitiva e mirata all'efficienza. È per questo che esorto soprattutto i giovani a chiedersi se un loro dettaglio estetico o comportamentale, che ha già riscosso reazioni positive, può diventare un marchio di fabbrica.

Cerco di scoprire il mio marchio di fabbrica personale:
- **Quali dettagli o peculiarità della mia personalità richiamano costantemente l'attenzione degli altri?**
- **Che cosa potrebbe diventare il mio tratto caratteristico?**

Autostima e fiducia in se stessi

Ciò che dite si dimentica rapidamente. L'impressione che date agli ascoltatori resta a lungo nella memoria.

Tutto appare più credibile se presentato da una personalità forte. Autostima, fiducia in se stessi, ottimismo e soprattutto confidenza in se stessi e nel messaggio che si trasmette, creano la necessaria fiducia negli ascoltatori. Soltanto così è possibile giungere a decisioni affidabili e durature.

Si può imparare a essere personalità forti? Certo che è possibile, ma a condizione che si analizzi il proprio effetto comunicativo con spirito critico. Occorre essere pronti, grazie a un intenso lavoro su di sé, a creare i presupposti interiori per avere successo con gli altri. Secondo l'esempio degli antichi greci, che insegnavano retorica e dialettica come materie obbligatorie, occorrono tre criteri per poter persuadere a fondo il prossimo:

1. **Ethos: il vostro atteggiamento, voi stessi, l'effetto che suscitate.**
2. **Pathos: la vostra capacità di collegarvi empaticamente agli ascoltatori.**
3. **Logos: la vostra argomentazione.**

L'**ethos** è il vostro atteggiamento morale. Come vi sentite nei confronti di voi stessi, delle vostre istanze e degli ascoltatori?

La strada per arrivare agli altri passa sopra noi stessi.

Vi piacete? Credete in voi stessi? Se siete i primi a non credere in voi stessi, come potrebbero farlo i vostri ascoltatori? È importante che abbiate un atteggiamento positivo nei confronti di voi stessi, fin dal primo mattino, non appena vi alzate dal letto e vi guardate allo specchio. Quando lo faccio, dopo essermi rasato, cosparso il volto di dopobarba e con la pelle rinfrescata dalla crema, mi vedo bello e a volte mi dico: « Mi piace Harry! Ti piace Harry? » Forse vi sembrerà un po' infantile, e anche a me all'inizio. Ma ormai lo faccio da tantissimo tempo, quasi ogni giorno, e non si tratta affatto di un atto di autoadulazione, bensì di un metodo semplicissimo e piuttosto banale di autoaffermazione. E funziona! Dovete accettare anche le vostre imperfezioni. Se infatti c'è qualcosa che di voi stessi vi disturba, molto probabilmente disturba altrettanto gli altri. Non dimenticherò mai quello spettatore che durante la pausa di un convegno mi si avvicinò e mi disse che, nel corso del mio intervento, avevo toccato il problema della sua vita. Quindi mi mostrò la mano destra, leggermente deforme. Gli chiesi allora che cosa gli fosse capitato e mi raccontò che aveva subito sette operazioni e tutte le volte gli avevano promesso che la mano sarebbe tornata a posto, e invece ogni volta la situazione era peggiorata. Una volta ripresa l'attività lavorativa – che lo portava ad avere contatti con la realtà ospedaliera – tutti i medici a cui stringeva la mano avevano un sussulto. Questi episodi lo avevano fatto entrare in grave crisi, finché aveva deciso di dire « sì » a quella mano – così com'era – e accettarla come parte di sé. Da quel momento in poi, nessuno era più trasalito alla vista della sua mano. Rimasi molto impressionato dal suo racconto, che dimostra con quanta forza si trasmetta agli altri l'opinione che abbiamo di noi stessi.

Che rapporto avete con ciò che intendete esporre? Siete convinti di ciò che dite? In caso contrario: come possono crederci gli ascoltatori se non lo fate voi per primi? Se invece credete in ciò che presentate al vostro uditorio, ne avete cioè una convinzione personale, innalzerete di molto il vostro livello di credibilità (v. il prossimo paragrafo « Credo e carisma »).

Che rapporto avete con i vostri ascoltatori? Vi piacciono? Se davanti a voi ci sono persone con le quali avete già avuto esperienze sfavorevoli, trasmetterete loro sensazioni negative. Tutto questo è pericoloso, perché gli altri se ne accorgono. Ricordate: non si può convincere di alcunché colui che non viene apprezzato! Dovete quindi assolutamente impostare in maniera positiva, o quanto meno neutralizzare, il vostro atteggiamento nei confronti dell'uditorio (v. il capitolo « L'atteggiamento nei confronti degli ascoltatori »).

Il **pathos** è la capacità di trasmettere empatia agli ascoltatori. Come si fa? Semplicissimo: dovete guardare più spesso e più a lungo possibile i vostri ascoltatori e cercare di cogliere « attestazioni » non verbali.

Questo procedimento fa capire agli ascoltatori che vi interessate di loro e al contempo vi evita di apparire troppo sicuri di voi stessi e magari addirittura arroganti e altezzosi (v. il paragrafo « Contatto visivo con gli ascoltatori »).

Logos tradotto letteralmente significa « senso », e sta per discorso sensato, sobrio, ed è quindi il messaggio, la vostra argomentazione, la sostanza della vostra esposizione, il contenuto.

Al primissimo posto viene sempre l'ethos, l'atteggiamento che avete nei confronti di voi stessi. Se questo non è positivo, non sarete né accettati né presi sul serio dal pubblico.

Voglio dimostrarmi sicuro di me (senza essere altezzoso):

- **Cerco di avere un atteggiamento positivo nei miei stessi confronti, qualunque cosa accada.**
- **Mi dico: «Mi piaccio perché esisto».**

Credo e carisma

La convinzione personale – il proprio credo – è il presupposto per convincere gli altri di qualcosa. Dovesse mancare, anche gli argomenti più solidi saranno esposti in modo troppo debole. Gli ascoltatori si accorgono subito se l'oratore si sta esprimendo in maniera positiva su qualcosa soltanto per dovere, pur pensando in realtà l'opposto. La trasmissione delle emozioni e il linguaggio corporeo impediscono di ingannare gli ascoltatori!

Nel mondo degli affari può succedere che qualcuno debba tenere una conferenza o fare una presentazione su un argomento di cui non ha un'alta opinione. Se si presenta all'uditorio con atteggiamento negativo nei confronti dei propri argomenti, per quanto si sforzi, il suo intervento sarà un flop. Deve dunque trasformare in positivo le proprie opinioni. Come si fa? Per esempio, analizzando più a fondo il tema del discorso. Può darsi infatti che la mancanza della necessaria convinzione sia dovuta a carenza di informazioni, che invece fornirebbero nuovi e decisivi elementi positivi su ciò che si deve esporre.

Se non si è convinti del prodotto che si deve presentare, si potrebbe per esempio parlare con i responsabili del reparto sviluppo o col product manager che introduce quel prodotto sul mercato. L'entusiasmo di queste persone si trasmetterà al relatore che potrà così sviluppare la propria convinzione.

Chi non vorrebbe avere carisma? Il carisma è una delle caratteristiche più invidiabili che si possano avere. Ma è appannaggio di pochi o possono averlo tutti?

Io tendo a pensare che in effetti chiunque possa essere carismatico. Occorre soltanto sapere da che cosa deriva il carisma. Secondo me il carisma è un credo potenziato, una fiducia rafforzata in ciò che si dice.

Il carisma è un credo rafforzato, è la ferma convinzione nel messaggio che diamo.

Non dimenticherò mai l'esperienza occorsami durante un convegno di commercianti in Germania, dove dovevo tenere una relazione di fronte a un foltissimo gruppo di gioiellieri. Prima di presentarmi, notai che c'era un solo uomo seduto in primissima fila e tutto il resto del pubblico era costituito da donne. Ne domandai la ragione all'organizzatore dell'evento che mi rispose che quell'uomo era un ospite che lui stesso aveva invitato al congresso; era il capo per la Germania della Citizen, la casa giapponese produttrice di orologi. Quando mi presentò a quell'uomo specificando la mia origine svizzera, l'organizzatore aggiunse con un certo cinismo: « Peccato che lei non venda orologi svizzeri! » Ebbi il timore che quell'osservazione potesse vagamente dispiacere a quel signore. Tuttavia, quando mi sedetti vicino a lui, che era tranquillo e rilassato, mi disse con grande entusiasmo: « La Citizen è la seconda produttrice di orologi al mondo ». E così dicendo gli scintillarono gli occhi. Ne rimasi impressionato. Da allora – e parlo ormai di diversi anni fa – ho un atteggiamento completamente diverso nei confronti di quella marca d'orologi che prima mi era sempre stata pressoché indifferente. Essendo svizzero, sono appassionato dei nostri famosi orologi di lusso. Da quell'incontro, tuttavia, mi sorprendo più volte a controllare, quando passo davanti a un'orologeria, se in vetrina sono esposti orologi Citizen. Quell'uomo mi ha lasciato una fortissima impressione. Questo è carisma!

Tento di avere uno spirito positivo nei confronti di ciò che devo dire:
- **Credo fermamente in ciò che dico.**
- **Se ho dei dubbi, mi dedico con passione all'argomento per trovarvi degli aspetti positivi e parlo con persone appassionate della tematica: il loro entusiasmo si trasmetterà a me.**
- **Più forte è il mio credo, più intenso sarà il mio carisma.**

L'atteggiamento nei confronti degli ascoltatori

Una volta organizzai un congresso per un'associazione di commercianti e invitai un famosissimo relatore esterno a tenere due interventi su temi specialistici. Dopo la prima relazione ebbi modo, durante la pausa, di parlare con diversi partecipanti, i quali mi confidarono di essere rimasti molto delusi per aver trovato quel relatore non adeguato e poco competente. Prima del secondo intervento andai quindi dal relatore e gli dissi: « A quanto pare, non è entrato in sintonia con questo pubblico! »

« Non mi meraviglio », disse, « visto che razza di idioti sono! » Non ho mai dimenticato quella risposta e mi sono reso conto del perché l'intervento di quell'uomo non abbia avuto successo: attraverso le emozioni e il linguaggio corporeo, aveva comunicato il suo atteggiamento negativo nei confronti del pubblico.

Se un oratore risulta altezzoso e arrogante, non significa per forza che quella persona sia così nella vita; può darsi benissimo infatti che abbia tenuto un atteggiamento sbagliato in quella specifica occasione. Quell'uomo quindi avrebbe dovuto, prima di iniziare l'intervento, tentare di modificare il suo modo di fare, dicendosi: « Il mio successo dipende esclusivamente da questi ascoltatori. Se loro non accettano me, non troveranno validi neanche i miei argomenti ».

Non si può convincere di alcunché colui che non ci piace.

Un top manager, spesso intervistato in televisione, mi disse, durante una mia lezione, che odiava profondamente quegli ignobili giornalisti che gli ponevano sempre domande « cattive ». Io gli feci notare che, con un atteggiamento simile, mai e poi mai avrebbe potuto coronare con successo le sue uscite televisive. Avrebbe piuttosto dovuto convincersi che quei giornalisti rappresentavano i portavoce dei suoi clienti e che, desiderosi di accertare la verità, si sarebbero dati di sicuro da fare per scoprire i punti deboli della sua azienda, assolvendo appunto a quello che è il loro compito. Proprio come lui, quei giornalisti avevano l'ambizione di far bene il loro lavoro. Il fatto che sussista una divergenza di interessi, è del tutto normale. Quel tizio avrebbe dovuto piuttosto riflettere sul fatto che simili divergenze di interessi sussistono anche all'interno di un'azienda – come per esempio tra il settore sviluppo e quello dell'ottimizzazione, o tra il settore produttivo e quello del controllo qualitativo – e che questo è addirittura necessario per l'impresa stessa. A quel punto il suo atteggiamento nei confronti dei giornalisti e degli analisti ha cominciato a cambiare. Da allora ha avuto maggiore comprensione per il loro comportamento critico e subito i suoi interventi sono sensibilmente migliorati.

Dovete sempre cercare di tenere un atteggiamento positivo, o quantomeno neutro, anche di fronte a un interlocutore aggressivo. Se riuscite a rimanere calmi e ad astenervi da qualsiasi aggressione, anche lui a sua volta si dimostrerà più comprensivo.

È una delle cose più difficili che esistano, non offrire all'altro l'opportunità di essere cattivo con te.

È facile a dirsi, ma come posso mantenere un atteggiamento positivo, se l'altro si comporta nei miei confronti in maniera aggressiva e offensiva? A pagina 136 e seguenti troverete alcuni esercizi con l'aiuto dei quali potrete disporvi in maniera positiva nei confronti dell'uditorio.

Chi assume un punto di vista diverso, non per questo deve essere mio nemico. Anche se per me è spiacevole sentire qualcuno che mi critica e mi contraddice davanti a tutti, non per questo devo rifiutarlo, disprezzarlo o addirittura odiarlo come persona! Il motto « o con me o contro di me » è sbagliato. Meglio dirsi: « Pur avendo, il mio interlocutore, un'opinione diversa dalla mia, mi rispetta ». È molto più proficuo confrontarsi con persone critiche, che con chi dice sempre di sì. In questo campo noi europei ci troviamo in svantaggio rispetto agli americani che hanno, diversamente da noi, una profonda cultura della contrapposizione: chi ha opinioni diverse viene tenuto in considerazione, rispettato e apprezzato.

Cerco di avere un atteggiamento positivo nei confronti dei miei ascoltatori, anche se hanno idee diverse:
- **Rispetto le persone che hanno opinioni diverse e dimostro loro il mio apprezzamento e la mia considerazione (ciò non significa che io debba adeguarmi alle loro idee!).**
- **In ogni caso cerco di rimanere calmo e di mantenere il controllo, anche se vengo aggredito o trattato in maniera iniqua (la calma è la virtù dei forti!).**

Essere al massimo della forma

Ormai lo sapete: quando parlate, vi mostrate esattamente come siete, sia nei vostri tratti generali che nell'umore del momento. E chi vi ascolta riconosce all'istante il vostro atteggiamento e la vostra condizione emotiva. Ma perché questo avviene? Lo stato d'animo del relatore agisce direttamente sugli ascoltatori, poiché i sentimenti si trasmettono da persona a persona; non parlo tanto in senso mistico o esoterico, quanto piuttosto da un punto di vista scientificamente riconosciuto.

Tutti soffriamo di sbalzi d'umore, perciò è rischioso tenere un discorso se ci si trova in un momento di grande tensione emotiva. Le emozioni negative hanno un effetto respingente e di « chiusura ». È difficile infatti stare ad ascoltare una persona che irradia sensazioni negative e restare tranquilli e distaccati. Tutto ciò che questa persona dice, lo recepiamo con una connotazione negativa. Gli ascoltatori avvertono che c'è qualcosa che non va e possono anche pensare che il problema stia proprio in loro: « Che cos'ha l'oratore contro di noi? » Le sensazioni positive, invece, hanno un effetto di attrazione e di apertura. Ci si sente bene quando si ascolta qualcuno che è dominato da emozioni positive. Tutto ciò che questa persona dirà, produrrà infatti un effetto piacevole.

È dunque indispensabile che cerchiate di predisporvi ad assumere un atteggiamento positivo, prima di tenere una relazione. A tal scopo avete bisogno di un programma motivazionale individuale, personale, perché ciò che può essere utile all'uno, può non essere efficace per l'altro. Esistono svariate possibilità per ammortizzare un momento di umore critico (v. il capitolo « Distacco e atteggiamento positivo »).

Provvedimenti immediati:
- parlare con qualcuno, sfogarsi (magari telefonare a un amico)
- andare a bere un caffè
- fare una breve passeggiata
- pensare a un imminente evento gioioso della sfera privata
- fare un esercizio di respirazione (v. il capitolo « Esercizi »)

Provvedimenti da prendere nel tempo libero:
- fare una lunga passeggiata
- praticare sport
- leggere
- ascoltare musica
- mangiare qualcosa di buono
- farsi un regalo

Prima di tenere una conferenza evitate le bevande alcoliche. L'alcol paralizza la lingua e la capacità di pensare. Prima di un intervento non assumete tranquillanti o altri medicinali rilassanti che riducono le forze, quando addirittura non le bloccano. Tanti anni fa, durante un periodo di malessere, ho assunto degli antidepressivi. Un giorno dovetti tenere una conferenza a Vienna per un congresso annuale di fronte a duecentocinquanta persone. Fu un flop totale! Non incontrai il favore del pubblico. Sentivo di non essere forte come al solito. Per qualche oscuro motivo non ero io. Tra l'altro non avevo neppure avvertito quel solito timore prima di iniziare a parlare! Evidentemente le medicine avevano bloccato l'ansia, ma anche le mie forze. Non scorderò mai quel fallimento. Sull'aereo di ritorno verso Zurigo, mi sentii malissimo. Da allora non ho mai più assunto quei farmaci e, nonostante non sia piacevole, sono molto contento del trac che, peraltro, negli ultimi anni si è addirittura intensificato.

Essere in forma dal punto di vista fisico è un presupposto necessario. Un oratore dall'aria sana irradia simpatia e credibilità. Fate in modo di dormire a sufficienza per poter essere ben riposati. Se avete intenzioni serie e volete davvero fare impressione sul vostro uditorio ed essere persuasivi, dovete dispiegare in quell'intervento tutte le vostre forze. Si tratta di una grande fatica, dal punto di vista psicologico *e* fisico. Dopo un intervento sono sempre sudato fradicio. Per mezzo di un allenamento mirato e una « vita sana », cercate quindi di essere al top anche della forma fisica.

Cerco di essere al top della forma fisica e del morale:

- **Prima di un impegno importante faccio una vita sana e provvedo a dormire a sufficienza.**
- **Evito alcol e medicinali.**
- **Cerco di motivarmi e faccio qualcosa che mi renda sereno.**
- **Prima di iniziare faccio un esercizio di respirazione.**

Il dopo

Dopo aver goduto dell'applauso – speriamo fragoroso e prolungato – sarete di certo entusiasti e probabilmente avvertirete una strana forma di eccitazione. Questa condizione perdurerà ancora per un po' di tempo.

È importante sapere infatti che, dopo aver tenuto un discorso particolarmente ben riuscito, ci si trova in una condizione che spesso può avere ripercussioni negative. Ci si sente euforici, su di giri e tutto sembra muoversi al rallentatore, gli altri appaiono pigri e si avverte una singolare sensazione di impazienza e nervosismo. Senza accorgersene si irradia una strana aura che può anche irritare le persone che ci stanno intorno. Per chi è alle prime armi tutto ciò può essere incomprensibile; per oratori, cantanti, attori e artisti esperti – e di successo – è invece del tutto normale. Una volta, in un'intervista, Mick Jagger affermò che dopo uno spettacolo non si recava mai in un locale, perché avrebbe di sicuro finito per far scoppiare una rissa.

Da parte mia posso dire che, dopo una conferenza che riscosse enorme successo, mi capitò un episodio con un tassista che non dimenticherò mai: senza neppure chiedergli il permesso, mi sedetti davanti, accanto a lui (mi siedo molto malvolentieri dietro, perché spesso mi viene la nausea) e gli comunicai la destinazione. In quel momento non mi resi conto che il mio comportamento non era stato affatto cortese. Infatti ero ancora sospeso sulla nuvoletta rosa del grande successo appena riscosso. Per giunta, poiché la radio era a volume piuttosto alto, chiesi al tassista di abbassare un po' e quello la spense. Soltanto allora mi resi conto di essermi comportato in maniera un po' brusca e mi scusai. Al che il tassista mi disse: « La radio è spenta e adesso non intendo più parlarle! » Rimasi colpito e tentai di intavolare un discorso, perché la situazione cominciava a mettermi in grave imbarazzo, ma l'uomo non disse più neanche una parola per tutta la durata del tragitto. Una volta giunti alla meta, gli chiesi quanto gli dovessi. Scrisse l'importo su un biglietto e me lo mise sotto il naso. Col mio discorso appena tenuto ero riuscito a entusiasmare cinquecento ascoltatori inizialmente molto critici, ma dieci minuti dopo non ero riuscito neanche a comunicare in modo ragionevole con un tassista!

I miei famigliari sanno cosa intendo dire: mia moglie e mia figlia infatti sanno bene quanto io sia insopportabile quando torno a casa dopo una conferenza e la sola cosa che possono fare è lasciarmi in pace.

Nessuno riesce a spiegare questo bizzarro susseguirsi di emozioni tanto forti: innanzitutto il trac, poi il buon umore durante la relazione, la sensazione di felicità durante e dopo l'applauso e in seguito, alla conclusione, questa sorta di ribellione e di euforia. Tuttavia non c'è altra scelta che accettarlo. In qualche modo poi ci si scarica e il giorno dopo si torna a essere, grazie al cielo, del tutto normali.

- **Dopo un intervento di successo, quando mi sento impaziente, euforico e su di giri, mi comporto in maniera piuttosto cauta e riservata nei confronti degli altri.**
- **Per qualche momento mi defilo per non rischiare di provocare qualche guaio.**

PARTE TERZA

ALTRE COSE IMPORTANTI

In quest'ultima parte del manuale troverete ulteriori indicazioni importanti che vi aiuteranno a essere oratori di successo. Anche questi suggerimenti non intendono creare in voi un estraniamento rispetto alla vostra personalità. Come sapete la mia linea è mantenere rigorosamente la propria autenticità. Un oratore che utilizza le « trovate » altrui appare artificioso e di conseguenza poco credibile. Potete avere successo soltanto seguendo la vostra personale inclinazione. Più restate fedeli a voi stessi, più intenso sarà l'effetto che susciterete come persone e prima diventerete un marchio di qualità.

A cosa dovete badare nella fase subito precedente al vostro intervento

Suono, luce e aerazione

Non appena ricevete l'incarico di tenere un discorso, chiedete che possano mettervi a disposizione un microfono a spillo in modo da poter avere entrambe le mani libere mentre parlate: sarete altrimenti costretti a gesticolare con un solo braccio e gli effetti non sono positivi. Inoltre tenere in mano un microfono durante una lunga conferenza è faticoso.

Ancora meglio di un microfono a spillo è il cosiddetto « headset », che come indica il nome, è una sorta di cuffia che si mette in testa col microfono montato su una piccola staffa che scende proprio davanti alla bocca. All'inizio può dare un po' fastidio, perché è visibile, ma la qualità del suono decisamente migliore vi ripagherà presto di questo piccolo inconveniente. Con un headset potete variare il volume da fortissimo a un sussurro e il suono sarà sempre perfetto.

Indispensabile è la verifica del suono, per effettuare la quale dovete presentarvi sul luogo della conferenza abbastanza presto da poter eseguire una prova suono nella sala ancora deserta. Fatevi presentare il tecnico del suono, che durante la conferenza sarà il vostro collaboratore più importante! Se gli chiedete personalmente di tenere sotto controllo per tutto il tempo la buona resa acustica, eliminando interferenze e fruscii, avrete ottime possibilità che se ne occupi con attenzione.

A un congresso della durata di due giorni, al quale ogni anno partecipa fino a un migliaio di persone, arrivai la prima giornata nella veste di semplice spettatore. Il giorno seguente dovevo tenere la mia relazione al mattino; ero il primo oratore della giornata. Da spettatore però mi ero accorto che la resa acustica era decisamente inadeguata: il volume era stato regolato troppo basso per quell'enorme salone e le voci degli oratori risultavano quasi indistinte. Accanto al palco c'erano due giovani tecnici che armeggiavano a un gigantesco apparecchio, così durante la pausa li avevo raggiunti e avevo detto loro che la qualità del sonoro non era sufficiente. « Non possiamo farci niente! » era stata la loro risposta. Il mattino seguente, dopo essere stato annunciato, arrivai sul palco e chiesi al pubblico, giù in sala: « Mi sentite bene? » indicando gli ascoltatori in fondo al salone. Questi scossero la testa. « Più potenza, per favore! » esclamai rivolto ai tecnici. Poi chiesi di nuovo: « Adesso mi sentite? » Mi ero già accorto da solo che il volume era ancora troppo basso e la gente infatti scosse nuovamente la testa. Dissi: « Per favore, ancora più potenza, quella giusta, prego! » Dopodiché, quando per la terza volta chiesi se mi sentivano, gli spettatori in fondo alla sala cominciarono ad annuire. « Vedete, funziona eccome! » esclamai dal palco rivolto ai tecnici. Il pubblico rise. A quel punto chiesi: « Conoscete la storia del coleottero? » Avendomi l'uditorio risposto di no, cominciai a raccontare: « Il coleottero venne sottoposto ad analisi scientifiche e si addivenne alla conclusione che non poteva volare, perché aveva il corpo troppo grosso e pesante e ali troppo piccole. Ma lui non lo sa e vola lo stesso! » conclusi ridendo. Gli spettatori risero a loro volta. Avevo così risolto il problema dell'audio – per me e anche per i successivi oratori – creando inoltre un'atmosfera piacevole. Tra parentesi, al termine del congresso ho ricevuto la migliore valutazione tra tutti gli oratori da parte dei partecipanti. L'inizio divertente e la migliore qualità dell'acustica avevano senza dubbio contribuito al successo.

Anche l'illuminazione spesso rappresenta un problema. Vige ormai l'abitudine di smorzare subito in maniera decisa la luce non appena vengono mostrati lucidi o diapositive. In questo modo però non siete più in grado di distinguere i volti degli spettatori e dunque non potete più comunicare in maniera non verbale con loro (per ulteriori informazioni sull'argomento, v. il capitolo « Contatto visivo con gli ascoltatori »). Restate lì, quasi smarriti, a guardare un buco nero. È un modo in cui personalmente non riesco a lavorare.

I moderni faretti hanno una luminosità tale che basta smorzare appena la luce in sala, se non addirittura per niente. Parlate col tecnico e chiedete che l'illuminazione in sala sia sufficiente mentre parlate. Se altri oratori hanno voluto che la luce venisse abbassata, d'accordo, ma per voi non va bene! È la *vostra* relazione e avete il diritto di porre le *vostre* condizioni!

Un ulteriore problema potrebbe essere rappresentato dall'aerazione. Se è estate, qualche giorno prima dell'intervento, chiamo l'organizzatore dell'evento e mi informo se nel locale destinato alla conferenza ci sia l'aria condizionata. Se così è (cosa che naturalmente mi auspico) chiedo se non sia per caso possibile rinfrescare la sala già durante la notte precedente, perché nessuno – né voi né il vostro pubblico – è capace di concentrarsi a lungo se la calura è eccessiva. Esigo sempre una temperatura massima di 20 gradi, meglio se 18, poiché la sala comunque verrà riscaldata dalla temperatura corporea delle numerose persone presenti.

Durante il convegno di una delle società di assicurazione più grandi del mondo, mi resi conto che in sala c'era aria viziata e pesante e che gli spettatori stavano perciò cominciando ad addormentarsi. Anch'io stavo male e iniziò a mancarmi l'aria. Durante la pausa chiesi quindi al responsabile dell'assistenza se non ci fosse possibilità di aerare il locale e questa fu la risposta che ricevetti: « Conosciamo il problema! Qui l'aria è sempre pesante, ma purtroppo non possiamo farci niente! » Allora chiesi a un partecipante al convegno che lavorava per quella compagnia assicurativa, dove fosse l'interruttore dell'aerazione. Costui me lo indicò e potemmo appurare che l'impianto non era stato acceso! Spostai l'interruttore sulla posizione « on » e il problema fu risolto. Mi è capitato molto spesso di fare esperienze simili: incredibile ma vero!

Potrei raccontarvi tanti altri episodi negativi che mi sono accaduti nell'avere a che fare con tecnici e custodi. A volte sono stati veri e propri incubi. È incredibile come queste persone spesso tengano in così poca considerazione i presupposti semplicemente indispensabili affinché gli spettatori e anche gli oratori possano stare bene. Col tempo forse anche voi – come me – vi dimostrerete agguerriti per avere una buona resa acustica, una buona illuminazione e aerazione sufficiente. Non abbiate timore a insistere con queste richieste, anche se correrete così il rischio di essere considerati testardi e inflessibili. In fondo in ballo ci siete voi e il vostro successo! Ovviamente mi è capitato anche di fare numerose esperienze positive con le apparecchiature tecniche e col personale di assistenza. Proprio di recente a un congresso mi è successo che qualsiasi mio desiderio venisse esaudito non appena espresso. Sono stato trattato con una tale premura e cortesia che di conseguenza ho scritto una lettera di ringraziamento all'organizzatore dell'evento.

Vale la pena presentarsi in tempo sul luogo della conferenza per accertarsi in prima persona che sia tutto a posto. Anche se vi assicurano che verrà organizzato tutto secondo i vostri desideri, siate scettici. Potrete essere sicuri al cento percento che tutto sia come dev'essere, soltanto se andrete di persona a verificare. Se possibile, io cerco di parlare il giorno prima coi responsabili della sala in cui dovrò tenere il discorso.

Mi occupo personalmente delle questioni tecniche:
- **Mi informo in prima persona coi responsabili dell'acustica, dell'illuminazione, della temperatura in sala e dell'aerazione.**
- **Chiedo un microfono a spillo (eventualmente una cuffia auricolare) e concordo una verifica del suono.**
- **Esigo che la luce sia regolata sul massimo.**
- **Mi informo se l'aria condizionata è accesa e chiedo dove sia l'interruttore.**

Cos'altro spetta a voi

Di solito ricevo molte attenzioni volte a farmi star bene e a mettermi a mio agio. Per esempio, mi viene offerto un caffè o un bicchiere d'acqua, mi si chiede come desidero che venga allestito il palco, come dev'essere la disposizione delle sedie e via dicendo. Ma non sempre è così. Mi è già successo di dovermi occupare in prima persona di ogni dettaglio. Se per esempio utilizzo una lavagna per computer (flipchart), per sicurezza porto con me i miei pennarelli. Troppe volte mi è capitato infatti di dover constatare che i pennarelli messimi a disposizione erano ormai asciutti. È meglio accertarsi di persona che ci sia a disposizione tutto ciò di cui si ha bisogno, facendo in modo che sia tutto come si desidera.

Io non utilizzo mai il podio da oratori. Anche se in un convegno o simposio si tengono varie relazioni e l'allestimento del palco è uguale per tutti, di solito mi allontano dal podio e mi posiziono proprio al margine anteriore del palco o addirittura vado davanti al palco stesso. Voglio avere un contatto quanto più diretto possibile col pubblico. Molto spesso durante l'intervento mi addentro tra il pubblico, mi avvicino agli ascoltatori e talvolta addirittura stabilisco un contatto fisico con qualcuno. Non conosco molti oratori che facciano altrettanto. Se pensate che mai e poi mai fareste una cosa del genere o che preferireste rimanere dietro al podio dell'oratore, perché vi dà una sensazione di sicurezza, va bene. Fate ciò cui siete abituati.

Organizzatevi nel modo che più vi aggrada e non abbiate timore a far valere le vostre esigenze prima di iniziare l'intervento. Dopo è troppo tardi. Se c'è qualcosa che non quadra può esservi di enorme disturbo, come per esempio accorgersi che il computer è troppo distante per poterlo manovrare. Il posto migliore ove sistemare il computer è davanti a voi, su un piano un poco più basso. In questo modo potete guardare lo schermo e contemporaneamente mantenere il contatto visivo col pubblico.

È molto importante avere un bicchiere d'acqua a portata di mano. Sentire la bocca secca mentre si parla è una sensazione sgradevole. Non abbiate timore a bere ogni tanto un sorso d'acqua; gli ascoltatori comprenderanno senz'altro.

Io chiedo sempre anche di essere annunciato e presentato perché trovo sia imbarazzante farlo da sé. Nel caso in cui l'organizzatore non intenda farlo, cerco qualcun altro a cui porgo un foglietto con un paio di indicazioni sul mio curriculum. La persona che mi presenterà potrà citare, oltre ai dati professionali e specifici, anche qualche indicazione personale su di me. Gli spettatori sono curiosi, vogliono sapere chi è la persona che sta per parlare, quello che pensa, come si sente, come vive. In parte dovrete soddisfare questa curiosità. La persona che vi annuncia quindi dovrebbe raccontare qualcosa del vostro curriculum e della vostra attuale situazione professionale e privata; potrà per esempio dire se siete sposati, se avete figli e, in caso affermativo, di quale età, quali sono i vostri hobby e così via. Ciò vi conferirà un credito di fiducia e creerà un'atmosfera piacevole.

Allo stesso modo, io mi aspetto che al termine dell'intervento mi si congedi con un ringraziamento. Del resto mi sono impegnato molto e reputo di meritarmelo.

Mi occupo personalmente del mio benessere:

- **Chiedo che il palco venga allestito come desidero.**
- **Chiedo un bicchiere d'acqua.**
- **Chiedo a una persona presente che mi annunci, mi introduca e che al termine del discorso mi congedi.**

Il caso particolare del «gobbo»

Vi sarà di certo capitato di rimanere sbalorditi di fronte a politici o presentatori che in televisione sanno parlare con assoluta calma e a lungo anche di questioni difficili senza mai distogliere lo sguardo dalla telecamera. Con ogni probabilità in quei casi è in funzione il «gobbo», un apparecchio dotato di schermo sul quale scorre il testo da pronunciare.

Immaginatevi una specie di televisore situato a una distanza di circa due metri, a terra davanti a voi con lo schermo rivolto verso l'alto. Sul lato dell'apparecchio è applicata una sottile barra alla quale, all'altezza dei vostri occhi, è fissata una lastra di vetro di circa venti per venticinque centimetri. Su questo vetro viene proiettato il testo che dovete pronunciare. Mentre voi leggete, quindi, gli spettatori hanno l'impressione che voi stiate guardando loro, perché la sottile barra è appena percettibile e il vetro del tutto invisibile e soltanto voi potete vedere il testo.

La scrittura che appare sullo schermo può variare per dimensione e da questo dipende il numero delle righe visibili sulla schermata. Di solito ci stanno da quattro a sei righe. Il testo scorre sul vetro lentamente dal basso verso l'alto. Anche il ritmo di scorrimento può essere regolato, ma dall'operatore e non dal relatore.

Avere un simile suggeritore è una gran bella fortuna! Non c'è più timore di incepparsi e non è necessario guardare il manoscritto. C'è però un inconveniente: con l'introduzione del « gobbo » si viene di nuovo rispediti all'epoca della lettura pura e semplice. Un discorso tenuto con l'ausilio del « gobbo », di fatto non è un discorso nel vero senso della parola, bensì una « lettura »! Così l'intervento non permette una vera e propria comunicazione. Non potete leggere il testo e al tempo stesso essere pronti a cogliere le reazioni degli spettatori. Probabilmente qualche volta vi sarà capitato di avere l'impressione che l'oratore in televisione avesse uno « sguardo vitreo ». Infatti sembra che guardi lo spettatore, ma non è così. Questo è l'effetto del « gobbo ».

Il suggeritore è senza dubbio molto utile quando è importante non tralasciare alcuna parola, per esempio in occasione della riunione generale di una società per azioni, allorché il presidente tiene la propria relazione che in seguito verrà trasmessa dai media. In simili eventi di straordinaria importanza l'ideale sarebbe avere addirittura due « gobbi », uno a destra e l'altro a sinistra. In questo modo l'oratore può guardare ora a destra ora a sinistra, ovverosia dov'è seduta rispettivamente la metà destra e la metà sinistra del pubblico.

Quando si utilizza il suggeritore vale la pena fare una prova generale. Il vetro infatti dev'essere installato all'altezza e con l'inclinazione a voi più adeguate; il testo dev'essere già inserito nella sua forma definitiva (!) poiché apportare modifiche è complicato e richiede molto tempo. Pronunciate tutto il discorso, prima, almeno una volta e fate attenzione all'intonazione, alla modulazione e al linguaggio corporeo. Cercate di essere più vivaci possibile. Se utilizzate due « gobbi » non cambiate troppo in fretta direzione dello sguardo. Indugiate a sufficienza su ciascun lato, in modo che gli ascoltatori abbiano l'impressione che li stiate effettivamente osservando.

Durante la redazione del discorso tenete presente la differenza tra testo scritto ed esposizione orale. Quando un discorso viene redatto per iscritto parola per parola, può risultare di difficile esposizione da parte dell'oratore e di difficile comprensione per il pubblico. Parole e frasi complesse possono rivelarsi una sorta di scioglilingua. Spesso mi vengono sottoposti da rivedere discorsi elaborati già nella forma definitiva e sono costretto a intervenire in modo anche pesante per rendere il testo vitale e comprensibile. Allora sposto intere frasi, accorcio quelle troppo lunghe, sostituisco parole difficili con altre più semplici e in generale cerco di semplificare la lingua. Da caso a caso modifico i tempi verbali, per esempio passando dal passato prossimo al passato remoto. In alcuni Paesi o regioni questo è particolarmente importante perché ci sono luoghi dove il passato prossimo viene usato di rado. Per esempio capita che in qualche regione sia più facile sentir dire: « Andai a casa », anziché « Sono andato a casa ». Infine faccio attenzione che al termine del discorso ci sia qualche elemento positivo. Dopo tutte queste modifiche il testo appare molto più naturale. Fate voi stessi un confronto:

Testo scritto

« Le attività del marketing hanno sofferto seriamente – con eccezione del *sales support portfolio* che lentamente ma costantemente assume connotati di maggior efficienza – a causa dei complessi fattori d'incidenza – fattisi sempre più imperscrutabili e imponderabili – della situazione complessiva che ha subito un andamento generalmente negativo e che si è propagata in maniera inattesa. »

Discorso pronunciato

« La situazione complessiva ha avuto uno sviluppo negativo. I fattori d'incidenza sono sempre più complessi, imperscrutabili e imponderabili: da qui l'inattesa diffusione. Di ciò ne hanno fatto le spese le attività di marketing, dove solamente il *sales support portfolio* ha registrato una crescita in termini di efficienza. »

L'utilizzo del « gobbo » è certamente appannaggio di pochi relatori e rimane dunque un'eccezione. Questo mi allieta perché altrimenti sarebbe insensato ambire a essere un oratore di successo capace di parlare a braccio e che dedica costantemente l'attenzione al pubblico.

Se utilizzo un « gobbo » faccio sempre prima una prova generale:

- **Faccio in modo che il testo sia già nella sua versione ultima e definitiva e soprattutto che sia comprensibile.**
- **Sistemo il vetro in modo che l'altezza e l'inclinazione siano adeguate alla mia posizione.**
- **In una prova generale pronuncio il mio discorso per intero almeno una volta, badando alla giusta intonazione, alla modulazione e a trasmettere un vivace linguaggio corporeo.**

L'inizio prima dell'inizio

In occasione di ogni intervento preparo un'introduzione (v. il capitolo « Struttura del discorso »), eppure, nonostante questo, non so mai come inizierò. Di solito ci rifletto soltanto poco prima di cominciare a parlare e mi lascio guidare dalle sensazioni. Penso a che cosa è accaduto prima della conferenza e a che cosa ho fatto durante la preparazione. Quasi mai mi rivolgo al pubblico in tono formale con un'introduzione del tipo « Gentilissimi signore e signori! », formula usuale nelle occasioni ufficiali e nei discorsi politici, ma non d'obbligo nelle sedi in cui tengo i miei interventi – e probabilmente voi i vostri. Di solito inizio a parlare, ecco tutto, spesso prendendo spunto da un tema che in precedenza mi ha colpito o in qualche modo coinvolto. Può trattarsi di una cosa strettamente personale o anche di qualcosa che riguarda il pubblico.

Una volta dovevo tenere una relazione a un convegno annuale organizzato da una banca elvetica per i suoi clienti. Mi era stato detto che erano attese circa duecento persone. Se ne presentarono però trecentocinquanta, quindi quasi il doppio. Per fortuna la sala era molto grande e comprendeva anche una galleria dove il pubblico avrebbe potuto ripiegare in caso di necessità. L'amministratore mi introdusse alla platea e mi fece notare che quell'alto numero di partecipanti era un record assoluto, dovuto al fatto che ero un ospite di primo piano. Mi sentii imbarazzato al punto da non sapere da che parte cominciare e questo fu il mio esordio: « Sono così impressionato dal numero dei partecipanti che non so proprio come cominciare! » Gli spettatori mi guardarono un po' perplessi, tuttavia sorridendo divertiti. Il giorno seguente, nel giornale locale, si parlava del mio intervento in questi termini: « Harry Holzheu non sapeva come iniziare il suo discorso! » E allora? Ero riuscito a creare un'atmosfera piacevole e infatti i resoconti giornalistici erano stati molto benevoli. L'osservazione sulla mia espressione di imbarazzo iniziale era stata sì un po' cinica, ma anche divertente.

Una volta mi è capitato di dover parlare al convegno aziendale di una casa automobilistica della quale non ero certo di essere del tutto entusiasta. Produce infatti automobili pensate per l'uso quotidiano, mentre io sono appassionato di auto sportive e ne possiedo anche una. Avevo immaginato che i concessionari non fossero specializzati in materia, quanto piuttosto semplici commercianti. Così, quando mi presentai davanti a quelle duecentocinquanta persone – tutti i concessionari della Svizzera – estremamente competenti, mi entusiasmai e mi venne spontaneo dire: « Ah, siete voi dunque i concessionari svizzeri! Vi avevo immaginati molto peggio! » A quel punto scoppiarono fragorose risate e fu un esplosivo esordio al discorso.

Non ho mai timore a esprimere il mio stato d'animo del momento. Ricordo che anni fa, in una città vicino a Zurigo, vennero uccisi diversi politici per mano di un folle omicida e il giorno seguente avrei dovuto tenere una relazione in quella località in occasione di un grande evento. Ero ancora sotto shock per quell'assassinio orrendo, così per prima cosa dissi: « In verità adesso dovrei tenere un discorso motivante, ma sono tuttora troppo profondamente colpito e inorridito dai terribili avvenimenti di ieri. Non riesco a non pensarci ». Parlai per diversi minuti di quel dramma, poi aggiunsi: « Adesso mi sento un po' meglio; credo di poter iniziare ».

Dopo la relazione mi si avvicinarono numerosi ascoltatori che mi ringraziarono per aver menzionato il terribile episodio. Avendo anch'essi nel pensiero i congiunti delle vittime, difficilmente sarebbero riusciti a concentrarsi.

Questo è ciò che intendo per autenticità. Se dentro non mi sento completamente preso da ciò di cui devo parlare, lo dico. In questo modo mi apro agli ascoltatori ricercando la loro partecipazione emotiva. A quel punto mi sento compreso e sostenuto dal pubblico e riesco a lavorare meglio. Se possibile, ai convegni cerco di partecipare anche come spettatore prima che venga il mio turno di relatore. Di solito in questi casi inizio citando uno degli interventi precedenti che mi ha colpito, oppure faccio riferimento a qualcosa che mi ha impressionato positivamente riguardo all'ambiente, all'edificio, all'azienda o agli spettatori stessi. Il pubblico è curioso di sapere che cosa piace in particolare a uno « straniero », estraneo all'ambiente. Tuttavia non indulgo mai a complimenti ipocriti.

All'occorrenza esordisco con un « inizio prima dell'inizio »:

- **Qual è il mio stato d'animo del momento?**
- **C'è qualcosa che mi coinvolge in maniera particolare nella situazione contingente?**
- **C'è qualcosa che mi ha colpito in maniera positiva riguardo all'ambiente, all'azienda, all'edificio o agli spettatori?**
- **È stato detto negli interventi precedenti qualcosa che mi ha colpito profondamente?**

Cercare subito degli «amici»

Da soli non potete farcela. Le vostre sole forze non saranno mai sufficienti a conquistare un gran numero di persone e suscitare il loro entusiasmo. Riuscirete a essere abbastanza forti soltanto se sarete capaci di stabilire un rapporto con gli ascoltatori, in modo che la loro energia fluisca attraverso di voi e vi riempia. Perciò è importante che fin dall'inizio la maggioranza del pubblico sia bendisposta nei vostri confronti. Questa positività poi si irradierà su tutti coloro che, magari, sono scettici o stanno sulla difensiva. Lo stesso avviene nella situazione opposta: se la maggior parte degli ascoltatori non è di buonumore o bendisposta, qualunque ne sia il motivo, da loro si irradierà energia negativa che vi frenerà o addirittura vi bloccherà.

Le energie degli spettatori sviluppano vita subito dopo l'inizio del vostro intervento e cominciano a vorticare nella sala: se il vortice si muove in avanti, siete salvi; se invece innesca la marcia indietro, sarà molto dura per voi recuperare. È sbagliato pensare di poter conquistare ed entusiasmare l'uditorio da soli con la sola forza della vostra eloquenza. Gli oratori davvero di successo sanno guadagnarsi rapidamente il favore del pubblico attivandone le energie. Più grande è il gruppo, più potenti si fanno queste forze. Ecco la straordinaria potenza della retorica.

È di importanza decisiva per voi cercare queste energie positive, risvegliarle e tirarle dalla vostra parte al più presto possibile. Per riuscirci concentrate lo sguardo dapprima sui singoli spettatori che vi paiono chiaramente ben disposti, onde poterli conquistare alla vostra causa. A questo punto potete cercare di ampliare a poco a poco questa cerchia di « amici ».

L'oratore inesperto si trova impaurito davanti al gruppo e il timore che lo assale prima di iniziare il discorso può creargli grossi problemi e metterlo a disagio: comincia a guardarsi intorno intimorito per controllare se c'è qualcuno che esprima evidente disapprovazione, comunicando con la mimica facciale di non aver alcuna voglia di stare lì. A quel punto l'oratore si sente ancora peggio. Pieno di tormenti, inizia a parlare osservando il pubblico per scoprire se ci sono altri ascoltatori dall'espressione annoiata e disinteressata. Chissà che ce ne sia addirittura uno che lascia manifestamente capire di non essere d'accordo con ciò che ha appena sentito dire. A questo punto l'oratore è disperato.

Invece dovete fare proprio il contrario: guardatevi attorno alla ricerca di un ascoltatore che esprima chiaramente l'entusiasmo di trovarsi lì. Spero che ne troviate almeno *uno*. Se non siete sicuri in anticipo, portatevi qualcuno con voi! Lo dico davvero: all'inizio della mia carriera di rappresentante, non andavo mai da solo dai clienti a fare le presentazioni della merce, ma eravamo sempre in due o in tre. I colleghi avevano un solo compito: sedersi nelle primissime file e trasmettermi « energia » attraverso il linguaggio corporeo.

In realtà si trova quasi sempre qualcuno che irradia sensazione di benessere. Spesso, prima del mio intervento, parlo con alcuni spettatori, così prima di iniziare il discorso posso guardare uno di loro e sorridergli. Costui sorriderà a sua volta e questo mi dà la forza per iniziare.

Mentre parlate, rivolgetevi anche a un solo spettatore

alla volta fino a che non ricevete sufficienti reazioni positive di ritorno. Il feedback non verbale è molto importante come potrete vedere nel prossimo capitolo.

A questo punto cercatevi un secondo e un terzo « amico ». Continuate così finché tutti gli ascoltatori non saranno vostri « amici ». Dico davvero: io faccio la stessa cosa. Il mio obiettivo è conquistare il favore dell'insieme del pubblico. Per me è una vera necessità essere, possibilmente, gradito a tutti. Ma posso aspettarmi questo risultato soltanto se io per primo apprezzo il mio pubblico.

Un amico mio, presentatore televisivo di notevole successo, prima di ogni trasmissione parla per più di mezz'ora col pubblico presente in studio, che comprende tra le centocinquanta e le duecento persone, per guadagnarsi il suo favore e poter in seguito – durante la trasmissione – essere sostenuto e colmato dalla sua energia. Questo è uno dei segreti del suo straordinario successo e sono anni che incassa indici d'ascolto da favola.

Non sempre riuscirete a conquistarvi tutti gli spettatori. Magari ce ne saranno un paio non molto bendisposti nei vostri confronti, nonostante i vostri sforzi (o forse proprio per questo). Se tuttavia siete accettati e sostenuti da un numero di ascoltatori che va dal novantacinque al novantotto percento, avvertirete una sensazione magnifica che vi renderà forti e vi assicurerà il successo.

Prima di iniziare il discorso, mi cerco un «amico»:

- **Mi rivolgo a lui abbastanza a lungo da poter ricevere da lui un feedback positivo.**
- **Quindi cerco altri «amici», finché non avrò conquistato tutti.**
- **Mi faccio pervadere dall'energia del pubblico che poi irradio a mia volta.**

Contatto visivo con gli ascoltatori

Come ho già detto: non avrete successo come oratori se ignorerete i vostri ascoltatori, limitandovi a mostrare e commentare diapositive oppure leggendo un testo redatto di tutto punto. In entrambi i casi gli ascoltatori non si sentiranno coinvolti, perderanno interesse per le vostre considerazioni, perché il vostro messaggio inconscio sarà: « Tutto ciò non mi riguarda personalmente. In verità non interessa me, bensì tutt'altra gente che non è neppure qui presente! » La sola strada per presentare un discorso davvero persuasivo è la *comunicazione vera e propria*. Il procedimento sopra descritto è pura *informazione*. Magari vi ascoltano, ma forse no, a loro totale piacimento. Qualche ascoltatore potrebbe addirittura preferire recuperare il sonnellino pomeridiano a cui aveva rinunciato per voi!

Che cosa si intende per comunicazione nel contesto di un discorso o di una conferenza? Dal punto di vista verbale si tratta di un monologo: siete voi soli a parlare e gli altri vi ascoltano, condannati a tacere. O vorreste forse che anche gli spettatori potessero parlare a loro volta? Sicuramente no. Da un punto di vista verbale, dunque, conducete un monologo. Tuttavia a livello non verbale dovreste disporvi sin dall'inizio al dialogo. Come?

Iniziate proprio come descritto nel capitolo precedente. Così facendo entrerete subito in una dimensione di *dialogo non verbale*. Quando gli ascoltatori vi sorridono, fanno leggeri cenni con la testa e inviano altri segnali non verbali riguardo a ciò che state dicendo, comunicano con voi. Adesso occorre che proseguiate in questa direzione. Parlate sempre a una singola persona, almeno fintanto che questa non vi invia un segno di reazione. Mantenete il contatto visivo, fino a che non ottenete questo feedback col quale vi viene segnalato che ciò che avete detto è stato accolto e compreso. Insistete su questo punto. Non cedete se per caso all'inizio non dovesse riuscirvi alla perfezione, perché comunque il pubblico vi sta osservando attentamente. Gli ascoltatori si rendono subito conto del vostro modo di lavorare. « Ah, vuol sapere quello che penso io! » dice la loro voce interiore. Se manca il contatto visivo, quella vocina sussurrerà il contrario: « Non gliene frega niente di quello che penso io! »

È semplicissimo:

1. guardare uno spettatore,
2. dire qualcosa,
3. non dire più niente,
4. chiedere conferma,
5. guardare un altro spettatore,
6. dire ancora qualcosa,
7. non dire più niente,
8. chiedere di nuovo conferma,
9. e così via.

Immaginate di avere una base di legno o di metallo con infisso un chiodo. Vi sarà di certo capitato di vedere questo oggetto nei ristoranti: un'ordinazione viene registrata in cassa e il coupon viene passato al banco o in cucina. Non appena la bibita o il pasto viene consegnato all'avventore, il foglietto dell'ordinazione viene infilzato nello spillone. Voi fate altrettanto: ogni volta prendete da uno spettatore un coupon, nel caso specifico la sua approvazione, e lo infilzate nello spillone. Al termine del discorso lo spillone sarà pieno!

Se parlate guardando al di sopra delle teste dei vostri ascoltatori, l'effetto che susciterete sarà quello di noiosi predicatori. Nessuno si sentirà coinvolto in prima persona. In questo modo non riuscirete a convincere nessuno. Se invece guardate un ascoltatore negli occhi, quello si sentirà chiamato in causa personalmente. Avvertirete allora subito che avrà una specie di sussulto, che in testa cominceranno a « girargli tante rotelline ». È una sensazione molto particolare che non riesco a descrivere compiutamente. È un po' come azionare un motore a ciascuno degli spettatori, uno dopo l'altro, finché, al termine, tutti arrivano a girare a pieno regime. Per questo esigo sempre che ci sia la giusta illuminazione in sala.

Se procederete in questo modo, i vostri discorsi e le conferenze lasceranno tracce che non sbiadiranno tanto in fretta. I vostri interventi avranno un effetto profondo e duraturo, ben oltre il consueto. È così che la vedo io. Una volta, durante la pausa di una conferenza di fronte a cinquecento persone, mi si avvicinò uno spettatore che mi confidò di avermi già sentito parlare dal vivo almeno una ventina d'anni prima e aggiunse: « Ciò che disse l'altra volta l'ho dimenticato, ma fu bello! »

Attenzione: ci sono due situazioni che fanno eccezione, nelle quali non ci dev'essere contatto visivo.

1. **Quando dovete dire qualcosa di negativo.** Ho già detto che in verità durante un discorso persuasivo non si dovrebbe menzionare niente di negativo. Ma se non si può evitare, in quel momento non bisogna mai guardare nessuno in particolare, altrimenti quello spettatore potrebbe sentirsi chiamato in causa personalmente e offendersi.

2. **Quando ponete una domanda retorica.** Se nel farlo guardaste qualcuno in particolare, lo mettereste in imbarazzo. Si chiederebbe se deve darvi una risposta a quella domanda o no.

In questi due casi guardate intenzionalmente al di sopra della testa dei partecipanti, in modo che nessuno si senta coinvolto di persona.

- **Guardo sempre qualcuno in particolare, tranne nei casi in cui debba menzionare qualcosa di negativo o porre una domanda retorica.**
- **Raccolgo conferme da un ascoltatore dopo l'altro, finché al termine del discorso lo «spillone» non sarà pieno.**

Il processo parola-pensiero

Heinrich von Kleist ha scritto del « progressivo approfondimento dei pensieri mentre si parla ». Parlando, infatti, i pensieri si chiariscono, si concretizzano, si cementano e ne scaturiscono altri. Questo processo però si mette in moto soltanto se vi esprimete liberamente; allora i pensieri iniziano a fluire senza sosta! Se invece leggete frasi elaborate in precedenza, rischiate di bloccarvi. Chi non è abituato a parlare a ruota libera davanti a un pubblico, all'inizio ha bisogno di un po' di coraggio. Coraggio che si può trovare soltanto se non ci si concentra ostinatamente sulla perfezione formale del discorso. Ricercare la perfezione infatti fa sorgere all'interno la paura che non sia tutto corretto e impeccabile come si vorrebbe e questi timori impediscono che si innesti il processo parola-pensiero. Liberatevi dall'(auto-)imposizione e dalla costrizione di dover tenere un discorso perfetto. Invece dite a voi stessi, come fece Lutero: « Qui io sto, non posso fare altro! » Pensate che la perfezione retorica può addirittura produrre una risposta negativa. Ricordatevi che gli errori retorici sono addirittura auspicabili, perché creano un avvicinamento emotivo agli ascoltatori. Coraggio, allora, anche se vi capita di sbagliare! Gli americani direbbero: « So what? (E allora?) »

Pensate prima del discorso, poi, una volta che avete iniziato, lasciate correre liberamente i vostri pensieri. Il pensiero è veloce, molto più della parola. Non concentratevi quindi sulla parola bensì sul pensiero. In questo modo i pensieri affluiranno copiosi nella vostra mente dove voi li incanalerete come in un imbuto, dandovi corpo, e usciranno dalle vostre labbra sotto forma di frasi compiute.

Prima pensate, quindi rivolgetevi a un ascoltatore e lasciate che le parole escano da sole. E verranno, questo è certo!

Mi sorprende sempre il fatto che tutto funzioni così facilmente, quasi come fosse un gioco. Ma devo sottolineare che succede soltanto se mentre parlo poso lo sguardo su qualcuno che abbia un'aria cordiale e si mostri bendisposto nei miei confronti. Se invece soffermo lo sguardo troppo a lungo su un volto astioso o scostante, insorge in me una sorta di blocco psicologico. Anche per questo è importante trovare « amici » in sala!

Durante i miei corsi e seminari i partecipanti imparano ad attivare questo processo da soli. Si stupiscono sempre molto del fatto che funzioni e non riescono quasi a credere che così facendo sviluppano una mimica molto più espressiva e una gestualità più vivace, facilmente comprovabili per mezzo di riprese video. Inoltre se si guarda qualcuno mentre si pensa a ciò che si deve dire, si scopre che questa persona è in grado di potenziare la nostra forza di pensiero, e i pensieri fluiscono a iosa. Il motivo è semplicissimo da spiegare: tutti gli spettatori, insieme con l'oratore, riflettono sulla stessa cosa. Dunque ci sarà tanta più forza di pensiero, quanto più numerose saranno le persone presenti. Con cinquecento persone ce ne sarà molta di più che con cinquanta! Logico, no?

Presupposto necessario tuttavia è che si conosca bene l'argomento, che sia « entrato » in noi, perché da niente non può nascere niente. Perciò è necessario che abbiate ben studiato la materia su cui avete intenzione di tenere la relazione e che abbiate approfondito le vostre conoscenze in merito. Quando la materia è di fondo « assodata », ma avete poco tempo per prepararvi per un discorso imminente, è sufficiente la preparazione mentale, come ho già descritto. Ma questa è essenziale. È indispensabile concentrarsi preventivamente su ciò di cui si deve parlare. In questi momenti spesso emergono immagini e scene della propria esperienza di cui possiamo disporre come esempi da riferire.

Parlare per immagini è senz'altro un vantaggio. Mi accorgo subito se un oratore si sta figurando nella mente ciò di cui parla. È come se l'immagine che ha in testa si trasmetta anche a me, cosicché anch'io posso vederla. È una sensazione incredibile. Non si è ancora trovata una spiegazione scientifica di questo fenomeno, ma sono certo che un bel giorno ci si arriverà.

Vedete com'è importante che non vi « attacchiate » a un testo scritto, ma che piuttosto guardiate sempre qualcuno che vi ispiri? Un'eccezione però vi è concessa: quando vi accingete a una profonda introspezione e assumete un'espressione assorta per poi esprimere un pensiero molto intimo, allora potete abbassare lo sguardo, come se vi « immergeste » nei vostri pensieri. Tuttavia queste sequenze non devono durare troppo a lungo, altrimenti lo spettatore finisce per sentirsi escluso e lasciato a se stesso.

Adesso sapete perché non ce la farete mai da soli; voi dipendete dagli ascoltatori e dalla loro disponibilità ad aiutarvi. Se tutti distolgono lo sguardo da voi, siete finiti. Mi è capitato, ma molto di rado, per fortuna. In quei momenti mi coglie la disperazione perché non riesco più a lavorare e faccio di tutto affinché il pubblico mi guardi: alzo il volume, inizio a urlare, mi avvicino a un ascoltatore, lo prendo per un braccio e gli dico qualcosa, come: « Non è fantastico? »

Si tratta di uno sviluppo progressivo che non conosce limiti e a mano a mano che procedete nel discorso avrete la percezione di diventare oratori sempre più abili, sentirete di andare sempre più forte, di riuscire sempre meglio a coinvolgere il pubblico e a entusiasmarlo.

Talvolta non vi renderete neanche più conto di parlare, di essere voi lì a parlare. Se vi capita di avere la sensazione che: « C'è qualcuno che parla a un paio di metri da me », e poi vi rendete conto che: « Sono io! », il gioco è fatto. A me succede molto spesso. Mentre parlo, vivo per quasi tutto il tempo all'interno di una sfera che non riesco neppure a descrivere: talvolta è lontanissima, qualche altra mi entra dentro; a volte percepisco una forza universale che aleggia sopra tutti quanti e sento questa energia che attraverso di me si trasmette agli ascoltatori, irradiandosi. Ormai raggiungo questa condizione anche mentre scrivo e ho l'impressione di non essere io a scrivere, ma che sia « qualcosa » al posto mio. Non conosco altre condizioni che mi affascinano di più e che mi rendono più felice.

Tuttavia ci sono due svantaggi derivanti dal procedere in questo modo:

1. Alla fine non si sa più con precisione che cosa si è detto. Ma quando siamo completamente « dentro » all'argomento, non conta molto se un concetto è stato formulato in un modo o in un altro.
2. Si perde il contatto col tempo. È quindi importante di tanto in tanto « astrarsi » consapevolmente da questa euforia e dare un'occhiata all'orologio per non uscire dai tempi previsti.

- **Guardo sempre qualcuno che abbia un'aria affabile.**
- **Rifletto, mi concentro appieno sugli ascoltatori e lascio che le parole facciano liberamente il loro corso.**
- **Faccio affidamento sugli « amici ».**

Pause come forza retorica

Sul potere delle pause ho già scritto e parlato spesso. Tuttavia la pausa nel nostro contesto, vale a dire nel monologo verbale, assume una certa rilevanza. In una discussione in cui predomina la lotta per avere la parola, una pausa sarebbe fatale: l'avversario ne approfitterebbe subito per impossessarsi della parola. Nel discorso (persuasivo) invece, in cui il dialogo si svolge solo a livello non verbale, la pausa rappresenta un importantissimo strumento retorico. Chi non ha esperienza di oratoria pensa di dover parlare incessantemente, senza interruzioni e, quando non si sa come andare avanti, si riempie la pausa con un « ehm », da cui, per incremento, si passa a « e...ehm... » Alcuni colleghi un po' maligni lo chiamano « il saluto di Neanderthal ». Ma non si riesce ad ascoltare a lungo una persona che tiene un discorso così, che non modula la voce e che non fa mai pause: è quasi impossibile. Ascoltare diventa presto arduo, richiede un incessante sforzo, molto difficile da sopportare; e anche l'oratore così si affatica molto.

Dopo ogni frase dovreste invece fare una pausa; in questo modo evidenzierete che la frase è conclusa. Come pensate di fare altrimenti? Non potete dire: « Punto! » Anche un passaggio a un'altra parte del discorso andrebbe evidenziato con una pausa, una lunga pausa a effetto. O forse volete dire: « A capo », come se fosse un dettato? Soltanto grazie alle pause potete rendere evidente la struttura delle frasi e dei vari passi del discorso.

La pausa ha varie altre funzioni:

- prendere fiato,
- ricevere conferma da parte di un ascoltatore,
- rafforzare ciò che è appena stato detto,
- riflettere con calma,
- dare un'occhiata al manoscritto per vedere come proseguire.

All'inizio richiede un po' di coraggio fare le pause, per timore di incepparsi. Proprio questa paura provoca l'urgenza di dover parlare senza sosta. Vi è mai capitato di perdere il filo del discorso durante una conferenza e di dover perciò fare una lunga pausa? Sarà stata di sicuro una sensazione molto sgradevole per voi. E per gli ascoltatori? Che cosa pensate? Vi dico una cosa: gli ascoltatori hanno di certo apprezzato, perché finalmente hanno avuto la possibilità di riflettere su ciò che era appena stato detto, hanno potuto riposarsi dallo sforzo di dover stare in continuo ascolto. Quello che all'oratore appare una debolezza, per lo spettatore spesso è il contrario. La pausa ne è un esempio.

Durante i miei corsi e seminari, correggo la tendenza a parlare in fretta consigliando di fare pause più numerose e più lunghe. Quando dico ai miei clienti che devono parlare più lentamente, dopo neanche due minuti riprendono a parlare al loro abituale ritmo. Parlare più lentamente non si impara in maniera consapevole, a fare le pause invece sì, ma è faticoso e ci vuole tempo. Anch'io ho dovuto imparare. Essendo un tipo esuberante e un oratore dalla parlantina veloce, infatti, di natura avrei la tendenza a oltrepassare i limiti della comprensibilità. Ma grazie al fatto che introduco spesso delle pause, all'occorrenza anche molto lunghe, i miei discorsi risultano in effetti più lenti. Strano, ma vero.

Avrete l'opportunità pratica di fare più pause procedendo nel modo seguente: chiedete a un ascoltatore, se possibile seduto in prima fila, di mostrarvi di tanto in tanto un foglio sul quale c'è scritta la parola « Pausa ». Nel giro di un paio di mesi non avrete più bisogno di questo ausilio perché sarete capaci di farlo da soli e per sempre.

- **Faccio pause più lunghe con maggiore frequenza.**
- **Faccio una pausa al termine di ogni frase e all'inizio di ogni nuovo passaggio.**
- **Aiutandomi con le pause, imparo a parlare più lentamente, mettendo in risalto le cose che ho appena detto.**
- **Inserisco delle pause per raccogliere consenso.**

L’atteggiamento giusto nei confronti delle interferenze

Tanto per venire subito al sodo diciamo che le interferenze durante un discorso sono sempre molto sgradevoli, sia per l’oratore, sia per il pubblico, in uguale misura. Tuttavia capitano, qualche volta intenzionalmente, spesso in modo involontario.

Può succedere, per esempio, che si apra la porta ed entri qualcuno che inizia a rovistare in un armadietto. Tutti gli spettatori si mettono allora a osservare incantati il rompiscatole e ne seguono i movimenti e nessuno vi ascolta più. La soluzione è una sola: smettete all’istante di parlare! Interrompete il discorso finché quella persona non sia uscita. C’è da sperare che la vostra interruzione abbrevi il disturbo.

Non fate alcun tipo di osservazione riguardo al disturbo subito, che altrimenti acquisterebbe ancora più importanza. Per di più la tensione retorica che avete finora costruito, crollerebbe su se stessa e dovreste ricominciare da zero. Se non dite niente, tutto risulterà solo un po’ irritante. Questa regola si può applicare nella maggioranza dei casi, come per esempio quando si sentono:

- commenti ad alta voce,
- rumori di lavori,
- voci ad alto volume nella sala attigua,
- rumori nell’edificio, e via dicendo.

Se durante il vostro intervento ci sono spettatori che parlottano tra di loro, addirittura a voce alta, potete provare ad applicare il metodo sopra descritto. Un comportamento simile da parte del pubblico però, di solito è segno di attenzione decrescente e può rappresentare un segnale d'allarme: « Occorre che aumenti l'intensità, altrimenti si addormentano! » Può anche succedere che singoli spettatori bisbiglino per tutto il tempo col proprio vicino, cosa che a me risulta tanto sgradevole che ne faccio una questione personale: in questo modo qualcuno mi sta facendo capire che non ha nessuna voglia di essere lì. Ogni tanto capita durante i seminari interni alle aziende, ma non è un buon segno. Nel corso della pausa allora chiedo al diretto interessato se non si sente a proprio agio in quell'ambiente. Di solito è una mossa utile. Nei casi estremi può capitarmi di fare allontanare una persona che si comporta così, tuttavia nel corso della mia ormai più che quarantennale esperienza mi è successo soltanto tre volte. Comunque non si tratta del miglior rimedio possibile, perché così la tensione creata si smorza radicalmente. Il miglior provvedimento è indurre il rompiscatole ad ascoltare con attenzione. Qualche volta allora mi avvicino alla persona in questione e le domando a voce alta e chiara: « Possiamo sentire anche noi ciò che ha appena detto? Sarà di certo molto interessante! » State pur certi che non vi disturberà più.

Se qualcuno si addormenta, innanzitutto cerco di portare all'estremo il volume, passando da molto basso a gridare, quasi. Poi faccio pause inattese, a metà frase, e punto lo sguardo sulla persona in questione. Se tutto risulta inutile, senza smettere di parlare, le vado vicino e proseguo il discorso. Quella persona non si addormenterà più. In caso contrario, mi rassegno!

Supponiamo che sia stato annunciato che dopo la conferenza sarete, come di rigore, a disposizione per eventuali domande e quindi il pubblico è pregato di porre le eventuali domande al termine. Dovrebbe bastare; se però dovessero sorgere domande durante la relazione – cosa che reputo molto scortese –, cerco di mantenere un atteggiamento positivo e dico qualcosa come: « La sua domanda dimostra il suo grande interesse e questo mi fa piacere, ma preferisco risponderle più tardi, durante la discussione », oppure: « La risposta a questa domanda scaturirà proprio dal prosieguo del mio intervento ». In questo modo faccio appello alla cortesia e alla buona educazione degli ascoltatori, senza creare un'atmosfera sgradevole. In nessun caso rispondo alla domanda, perché, in primo luogo, nuocerebbe alla tensione retorica e poi incoraggerebbe altre persone a far domande a loro volta. Così, in men che non si dica, vi trovereste nel bel mezzo di una discussione anziché di una conferenza.

Meschini schiamazzi e sonori fischi o attacchi ancora peggiori, come magari lanci di uova o di pomodori, sono di solito riservati ai politici, spesso costretti a intervenire ad assemblee dove la quasi interezza del pubblico è contro di loro. Ma può capitare anche a un dirigente d'azienda, quando si trova a dover parlare davanti al personale riunito, durante uno sciopero, la chiusura di una fabbrica o in caso di licenziamenti. In questi casi è un bel guaio. Può darsi che avere la battuta pronta aiuti. Franz Joseph Strauß una volta ebbe a dire: « In Baviera facciamo politica con la testa, non con la laringe! » Io ammiro i politici e gli oratori e soffro con loro quando si trovano di fronte all'infrazione di qualsiasi regola di correttezza e, nonostante ciò, cercano disperatamente di proseguire il proprio discorso, scegliendo di non ritirarsi.

È d'importanza cruciale poter mantenere un atteggiamento positivo se si viene interrotti da un ascoltatore o se si viene colpiti da un'osservazione sprezzante. Una volta, durante un seminario che conducevo per il personale di una ditta di pulizie, una giovane partecipante, dalle braccia tutte tatuate, mi disse: « Quello che ha detto è una gran cazzata! » Sobbalzai, mi calmai e poi le chiesi: « Quale sarebbe esattamente la sua domanda? » Quella mi rispose con una seconda sfrontatezza, al che ribattei: « Dovrò riflettere seriamente su quanto mi ha detto », e poi proseguii la mia relazione. Quella mi interruppe ancora diverse volte e io utilizzai ogni volta la stessa tattica, cercando di mantenere il controllo. Mi resi conto che i suoi interventi si facevano sempre meno aggressivi. Alla conclusione del seminario, all'uscita, mi fermai a parlare col capo dell'azienda. La giovane donna mi si avvicinò e mi strinse la mano dicendomi: « È stato forte! » Il capo mi espresse di conseguenza la sua ammirazione: « Come ha fatto a finire? Quella donna è il nostro problema numero uno in ditta e stiamo pensando di licenziarla! » Un successo simile vale il doppio. Tornai a casa con una sensazione molto piacevole.

Quando nelle mie lezioni preparo i clienti a sostenere discussioni faccia a faccia o dall'alto di un palco, consiglio di differenziare le interruzioni nei modi seguenti e reagire di conseguenza:

- **Vengono distorte le mie parole**
  Dico: « Non ho detto questo ».
- **Non ho colto nel segno**
  Dico: « Questo non ha niente a che fare con la nostra questione ».
- **Si offende la mia dignità**
  Dico: « Non abbiamo intenzione di parlare con questi toni ».

Nel peggiore dei casi se non viene in mente altro, si può benissimo dire: « Non posso risponderle, mi mancano le parole per farlo ». In questo modo fate appello alla comprensione e alla disponibilità degli altri ascoltatori di venire in vostro soccorso. Una dichiarazione del genere difficilmente viene percepita come segno di debolezza, ma anzi piuttosto come offerta di identificazione. Ciascuno penserà: «Reagirei anch'io così, se fossi al posto suo!» È comunque molto meglio ammettere di non avere al momento la risposta, che costruirne una che in seguito possa rivelarsi pericolosa.

In caso di interruzioni mantengo il controllo:
- **Rinvio alla discussione conclusiva.**
- **Ignoro schiamazzi e altre scorrettezze.**
- **Se ci sono interferenze, aspetto prima di riprendere a parlare.**

Evitare i tabù

Ho già parlato dei tabù « estetici », come assumere una postura sbagliata o leggere un discorso già pronto; si tratta di cattive abitudini che danno una brutta impressione dell'oratore. Ci sono però anche tabù sostanziali di cui dovreste tener conto.

Umorismo/battute di spirito: l'umorismo di per sé non sarebbe affatto un tabù, anzi sarebbe addirittura auspicabile. Tuttavia comporta sempre certi rischi, perché il concetto di umorismo varia in grado notevole da persona a persona. Quello che è divertente per l'uno, magari non riscuote alcun successo da un altro o, peggio ancora, può darsi addirittura che risulti offensivo. È per questo che anche le battute sono azzardate e pericolose. Ritengo del tutto privo di gusto prendere in giro le persone malate o portatrici di handicap – perché accade anche questo; altrettanto spiacevole è parlare male di persone non presenti. Invece prendere in giro se stessi ha un effetto molto umoristico ed è consigliabile. Ha infatti un forte impatto raccontare un aneddoto personale in cui ci si è coperti di ridicolo.

Sesso: tutto ciò che ha a che fare col sesso è malvisto in un discorso pubblico. Non solo quando siano presenti persone pie o pudiche, ma in generale. Il sesso è un tabù grandissimo. So di un collega che durante una conferenza pubblica fece un'osservazione a doppio senso e lì ebbe termine la sua carriera.

Religione: qualsiasi allusione a qualunque religione è tabù. Anche se l'oratore è un cristiano credente, dovrebbe evitare di dirlo o addirittura di citare motti biblici. In questo modo si ergerebbe al di sopra del pubblico e metterebbe in imbarazzo gli ascoltatori di altro credo o atei.

Differenze di razza: si tratta di un tema particolarmente spinoso. Anche la differenziazione tra uomo e donna può avere una connotazione razzistica. Una sola volta mi è capitato di dire in un discorso: « Se la donna si comporta da uomo » e, benché sia un'espressione corretta e spesso usata, ho ricevuto numerose reazioni negative.

Minoranze: osservazioni sulle minoranze, tanto più se denigratorie, dovrebbero assolutamente essere evitate. Potreste essere fraintesi e c'è chi potrebbe aversene a male.

Critiche personali: in un discorso persuasivo non avanzerei critiche su nessuno, presente o meno. Risulta sgradevole e, secondo me, non è necessario, poiché si può senz'altro esporre il proprio punto di vista in altri modi.

Evito tabù sul piano del contenuto:

- **Umorismo/battute (soprattutto su persone malate o portatrici di handicap).**
- **Sesso.**
- **Religione.**
- **Differenze di razza.**
- **Minoranze.**
- **Critiche personali.**

Distacco e atteggiamento positivo

Più volte nel corso di questo libro ho scritto che occorre che rimaniate autentici e sempre a contatto con le vostre sensazioni, che logicamente comprendono anche le emozioni negative. E adesso dovreste puntare all'opposto? Vedrete subito che non c'è alcuna contraddizione in ciò che sto dicendo.

Per prima cosa vorrei affrontare un problema che preoccupa molti: sono sempre più numerosi gli influssi negativi che quotidianamente agiscono su di noi e ci stressano. La lotta per il posto di lavoro, per esempio, ha assunto forme sgradevoli; episodi di mobbing e intrighi sono all'ordine del giorno; lo stile di comunicazione si è fatto spesso antipatico, duro e cinico. Una simile cultura della comunicazione produce una pessima atmosfera lavorativa. Se ogni lavoratore mira quanto più possibile a mettersi in luce a spese degli altri, il lavoro di gruppo ne risentirà pesantemente. Tutto ciò comporta stress psicologico che, come se non bastasse, può provocare malessere fisico. Sono sempre di più i manager e i lavoratori di qualsiasi livello che assumono regolarmente medicinali per proteggersi dalla pressione quotidiana. Questo sfocia presto in un circolo vizioso, poiché questi farmaci, alla lunga, creano dipendenza e abbattono la naturale resistenza contro le avversioni di qualunque genere. Sono a rischio soprattutto le persone impegnate e sensibili, gli elementi più preziosi, perché soffrono di più per l'atmosfera pesante che si viene a creare.

Esiste una protezione istintiva contro gli influssi esterni: mantenersi a una certa distanza da se stessi. Mi spiego meglio: supponiamo per un momento che abbiate appena vissuto un'esperienza molto spiacevole e che ne subiate dunque tuttora l'influenza, quindi il vostro stato d'animo è pessimo e proprio adesso dovete tenere un discorso o magari rilasciare un'intervista, addirittura in televisione. Se vi presentate con un simile stato d'animo, non ne verrà niente di buono, e le conseguenze potrebbero essere molto spiacevoli per voi. Vi occorre dunque stare a una certa distanza. Per poter conquistare questo distacco bisogna che sviluppiate una forte autoconsapevolezza e potete riuscirci seguendo alcuni ragionamenti.

Innanzitutto dovete imparare a badare di più al vostro corpo, che è rivelatore non solo dei processi fisici ma anche di quelli mentali. Avete per esempio la corretta percezione del vostro respiro? Sentite il profumo dell'aria buona? Vi piacciono i cibi gustosi? Riuscite a notare le cose belle che vi circondano? Avete la sensazione tattile di ciò che sfiorate? Sentite il lavoro dei muscoli quando vi muovete? Oppure da tante che sono le tensioni, non avete più neppure il tempo per queste cose?

Altrettanto importante è riconoscere i vostri stati d'animo di momento in momento e di conseguenza accettarli. Ve ne rendete conto quando siete arrabbiati? E lo ammettete? Riuscite a confessare a voi stessi che avete paura, quando capita? Provate davvero una sensazione di gioia quando vi si presenta qualcosa di piacevole, oppure avete disimparato anche questo?

Quando riacquisterete consapevolezza dei vostri processi fisici e mentali, potrete trovar loro la giusta collocazione ed elaborarli. Più sono intensi, meno dovete identificarvi: la «rabbia» non siete voi, la «gioia» non siete voi, sono soltanto stati d'animo, emozioni. Stati d'animo ed emozioni sono effimeri. Non appena vi rendete conto che le sensazioni passano, non ne sarete più dominati. Se siete in grado di percepire con consapevolezza un'emozione nel momento in cui sorge, ne riconoscerete anche il carattere fugace. Potete, per così dire, osservare lo spettacolo che avviene all'interno del vostro Io. Se invece vi identificate, soffrirete. Se riuscite a tenere una certa distanza, non è che lo stato d'animo o il sentimento spariscano, semplicemente non ne verrete travolti. La paura quindi non si trasformerà in panico e la gioia non diventerà euforia. Diventerete come spettatori che osservano l'affiorare e lo svanire di questi processi.

Anche i pensieri vanno e vengono. Dovete imparare a stare a osservarli senza identificarvi con loro. Col tempo inizierete a rendervi conto che tra l'andare e il venire di emozioni e pensieri intervengono brevi pause. In queste pause c'è la pace. Un'offesa può essere ancora viva, tuttavia non vi tormenta più perché non vi identificate né con essa né con le emozioni da questa suscitate.

Potete facilmente imparare a raggiungere l'agognata pace, che comporta una presa di distanza dal vostro Io, per mezzo di un semplice esercizio respiratorio (v. in «Esercizi», pag. 138).

Capite a cosa miro con questo capitolo? Tutti noi abbiamo la tendenza a rimuovere le emozioni spiacevoli, ma chi pensa di liberarsi in questo modo da tristezza, delusione, ira o paura, ne viene poi comunque travolto. Sono sensazioni che si sedimentano nel subconscio dove poi, soltanto con molta difficoltà, si riesce a risolverle e si diventa impotenti a fronteggiarle. I sentimenti rimossi possono riaffiorare con tutt'altro volto, magari sotto forma di aggressività, orgoglio o magari anche di illusori lati positivi. In realtà non è possibile rimuovere alcunché. Quel che c'è, c'è. Stiamo a osservare, accettiamo quel che viene e succeda quel che succeda! Se riusciamo a dire a noi stessi: « Sì, adesso mi sento male! » avremo compiuto il primo passo verso l'elaborazione. La paura e la rabbia fanno parte della vita; la tristezza, la gelosia, l'aggressività rientrano nella normale quotidianità. Si tratta di ferite che fanno male, ma che devono essere accettate. Del resto, se ci duole il dito di un piede, non lo tagliamo via! Le emozioni negative sono moti dell'anima altrettanto normali quanto quelle positive. Ha diritto di esistere e persistere anche la paura. L'ira può continuare a tormentarci, ma possiamo imparare che la nostra vera essenza interiore non deve esserne sconvolta; possiamo imparare a dare accesso alle emozioni senza venire da queste imbrigliati o bloccati. Dar loro accesso significa « accettarle » e non liberarsene. Tutto ciò che riusciamo ad *accettare* ha la tendenza a neutralizzarsi, ad attenuarsi e infine a svanire. Ciò da cui invece ci si difende finisce per possederci. Dobbiamo imparare a lasciar scorrere le emozioni, anziché attaccarci a esse o rimuoverle. I sentimenti e i pensieri sono come nuvole che scorrono nel cielo azzurro; commettendo l'errore di identificarci con le nuvole, dimentichiamo che in realtà noi siamo il grande cielo infinito.

Ragionando costantemente in questi termini e con l'esercizio di respirazione descritto a pag. 138, a poco a poco sarete in grado di prendere una certa distanza da voi stessi che vi permetterà, anche di fronte a ostiche influenze esterne, di rimanere comunque positivi e di diventare sempre più produttivi. Imparerete a tirarvi fuori ogni volta dal senso di oppressione momentanea, scaturita da un'esperienza spiacevole. In questo modo potrete ritrovare la forma migliore per affrontare un impegno imminente, liberandovi in larga misura dalle emozioni negative; continueranno a esserci, certo, ma non avranno più assoluta priorità su di voi.

Una volta che avrete acquisito il distacco necessario

dalle emozioni negative, il passo successivo consiste nel trovare un atteggiamento positivo. Questa è la cosa più importante: se infatti avete un atteggiamento positivo nei confronti di ciò che fate e delle persone con le quali vi trovate a contatto, tutto filerà molto più liscio. Quando preparo un cliente a tenere un discorso in azienda, per esempio, gli chiedo: « Le piacciono i suoi dipendenti? » Se la risposta è affermativa, gli dico: « Allora quasi sicuramente ne uscirà un bel discorso! »

Le persone con un atteggiamento positivo di fondo, incontreranno minori difficoltà nella vita e mieteranno maggiori successi rispetto a chi è pervaso da paura, sfiducia, invidia, gelosia o malanimo. Uno spirito positivo di fondo, e l'atteggiamento positivo verso il prossimo che ne consegue, tendono all'amore. Permettetemi di spiegare cosa intendo dire parlando d'amore e come tutto sia più difficile quando questo sentimento manca, ricorrendo alle parole di un grande saggio:

Il dovere senza amore crea malumore
La responsabilità senza amore rende crudeli
La giustizia senza amore rende duri
La verità senza amore rende ipercritici
L'educazione senza amore rende contraddittori
L'intelligenza senza amore diventa furbizia
La cortesia senza amore rende meschini
La conoscenza senza amore rende prepotenti
Il potere senza amore rende violenti
L'onore senza amore rende superbi
Il possesso senza amore rende avari
La fede senza amore rende fanatici

Lao Tze

L'amore è la forza più grande del mondo: può spostare le montagne e compiere miracoli. Ma se esperienze negative ci fanno perdere la calma, e perciò non riusciamo a rimanere « agganciati » all'amore, tutto andrà storto. Cerchiamo in ogni modo di mantenere il nostro atteggiamento positivo di fondo e di non farci scuotere nelle fondamenta. Per riuscirci dovremo mantenere un certo distacco.

Mantengo una certa distanza e un atteggiamento positivo:

- **Elaboro le emozioni negative, anziché rimuoverle.**
- **Faccio maggiore attenzione al corpo, ai sensi e ai pensieri.**
- **Lascio che le cose spiacevoli passino via come nuvole.**
- **Faccio l'esercizio di respirazione.**

Esercizi

Innanzitutto desidero parlare, per una questione personale, dei seminari e delle lezioni che tengo. Durante questi incontri, gli esercizi vengono fatti sotto la guida di un trainer esperto. Nei corsi individuali si può ottenere il massimo successo con un minimo dispendio di tempo di tre-quattro ore. Attraverso un corso intensivo (ma vi devo avvertire che è piuttosto faticoso) con ausilio di riprese video e relative analisi, si riesce a preparare una presentazione o una conferenza. Prima di tutto, il cliente e io, in qualità di esperto, analizziamo criticamente il contenuto del discorso da tenere, ne ottimizziamo la struttura e le asserzioni di fondo. Spesso si tratta di ridurre in modo drastico il numero di diapositive da proiettare; di elaborare stringhe più lunghe di discorso libero che alla fine riprendiamo con la telecamera per poi rivedere il filmato insieme; di ripetere il tutto due o tre volte. I progressi raggiunti da una ripresa a quella successiva sono sorprendenti. Quando poi entrambi riteniamo che sia stato raggiunto l'optimum, possiamo considerare concluso il corso. Nella maggior parte dei casi bastano una o due di queste lezioni per fare di un oratore mediocre un relatore come minimo accettabile e talvolta addirittura eccellente.

Ci sono però anche numerosi esercizi che si possono fare da soli, senza l'aiuto del trainer, per diventare oratori migliori o per rendere un discorso più efficace possibile. Una prova generale permette di far affiorare alla superficie errori e debolezze nascosti sia nel contenuto che nella forma, in modo da poterli evitare alla « prima ». Purtroppo però oggigiorno quasi nessuno ha tempo per fare prove generali, né l'oratore né i necessari « campioni d'ascolto ». Occorre perciò riservare le prove generali a pochissime occasioni davvero importanti.

Un altro modo di esercitarsi è quello di tenere a casa, di fronte ai famigliari, brevi discorsi della durata di « un minuto », o leggere loro a voce alta brani di un libro. Di grande aiuto è anche osservare e ascoltare gli interventi di bravi oratori in televisione.

Mi rendo tuttavia conto che questi esercizi richiedono tempo e quindi difficilmente possono essere eseguiti dai manager superimpegnati. Per gli esercizi che sto per presentarvi vi basterà invece pochissimo tempo; possono essere eseguiti quando volete e sono molto efficaci. Vi raccomando caldamente di eseguire i primi tre esercizi ogni qualvolta vi si presenta l'occasione, mentre il quarto esercizio è necessario soltanto in casi particolari.

Cantare in automobile

Raccomandavo questo esercizio già nel 1991 quando fu pubblicato il mio primo libro *Natürliche Rhetorik* (« Retorica naturale »). È facile da eseguire ed è al contempo molto promettente. Per parlare avete bisogno di voce, componente importante della vostra personalità, e per rafforzarla e darle un timbro fermo, occorre allenarla. Il modo migliore per far questo è cantare. Mentre guidate, mettete il vostro disco preferito e cantate a tutto volume. Naturalmente potete eseguire quest'esercizio ovunque vi troviate se indisturbati. Se non conoscete a memoria il testo delle canzoni, non è un problema: un «la-la-la» andrà altrettanto bene. La cosa importante è non spremere i suoni dalla laringe, ma coinvolgere tutto il corpo. Respirate profondamente e fate in modo che sia davvero tutto il corpo a far risuonare le note. Vi sorprenderete nel constatare come la voce si fa piena, forte e potente. Io faccio regolarmente questo esercizio e oggi sono in grado di parlare per ore senza microfono senza che la voce diventi roca.

Esercizio di respirazione

Questo esercizio ha molto successo tra i partecipanti ai miei seminari e tra i clienti dei corsi individuali perché si è visto che permette di raggiungere un profondo senso di relax in tempi molto rapidi. Tutte le volte che vi coglie la frenesia, che vi sentite arrabbiati o in agitazione, stressati o in preda al timore, nel giro di pochi minuti potrete riacquistare calma ed energia. L'esercizio consiste in quattro respirazioni e si svolge nel modo seguente: inspirate a piccoli intervalli dal naso – come quando vi viene da starnutire – e riempite i polmoni fin quasi a farli esplodere. Così facendo allentate la tensione del diaframma che probabilmente è contratto. Una simile contrazione produce una respirazione insufficiente che provoca carenza di ossigeno nel cervello, fino a giungere a volte alla totale mancanza di ossigenazione. Quando un tempo le donne di tanto in tanto svenivano, non era sempre per finzione, anzi, di solito si trattava di svenimenti veri e propri dovuti al fatto che portavano il corsetto allacciato molto stretto che le costringeva a respiri molto deboli.

Quando avrete riempito del tutto i polmoni, espirate con slancio dalla bocca, buttando fuori, per così dire, tutto il fiato e poi aspettate. Prima di inspirare nuovamente attendete più a lungo possibile. Più aspettate, maggiore sarà l'efficacia dell'esercizio. Coloro che praticano lo zen riescono ad aspettare anche un minuto, ma per far ciò occorre moltissimo allenamento. Se voi riuscite a farlo per cinque-sette secondi è già sufficiente. All'inizio vi sembrerà un tempo lunghissimo. Dopo quattro respiri fatti così vi sentirete calmi e forti e al contempo anche indicibilmente carichi di energia. Potete eseguire questo esercizio in totale discrezione, senza che gli altri neppure se ne accorgano. Io lo faccio regolarmente, in particolare prima di un'importante riunione e prima di qualsiasi conferenza. In questo modo riesco a riportare il panico che mi coglie a un livello sopportabile.

Training mentale

Lo scopo di questo esercizio è volgere al positivo il vostro atteggiamento. Quando dovete fare un intervento al cospetto di un gruppo di persone, tra cui alcune non gradite, oppure quando vi trovate in uno stato d'animo negativo causato da uno spiacevole incontro o da una sgradevole esperienza, per mezzo di questo esercizio potrete trasformare in pochi istanti, prima di entrare in scena, il vostro umore da negativo a neutro e poi a positivo. Vale a dire che potete azzerare il vostro « contatore » emotivo. Il presupposto necessario è che facciate prima l'**esercizio di respirazione** per poter avere accesso all'inconscio, processo possibile soltanto attraverso un profondo rilassamento.

Dopo l'esercizio di respirazione chiudete gli occhi e immaginate il volto degli ascoltatori ai quali state per rivolgervi. Adesso dirigete su questi volti un raggio luminoso di affetto, benevolenza e stima che proviene dal centro del vostro corpo. Poi immaginate di parlare a queste persone come se fossero bambini piccoli: « Voglio solo il vostro bene, abbiate fiducia, apritevi, siate ottimisti, mi piacete! » Evitate di usare negazioni come: « Non siate malevoli nei miei confronti, non abbiate paura di me! » Sarebbe controproducente, perché l'inconscio non conosce negazioni e registrerebbe solo le parole « malevoli » e « paura ». Lasciate che questi pensieri esercitino la loro azione sul pubblico per tutto il tempo che ritenete giusto.

Non si tratta di un esercizio mistico né esoterico ed è scevro da qualsiasi aspetto ideologico o religioso. È puro training mentale, utilizzato dai professionisti dello sport già da svariati anni. Le prestazioni di alto livello che vengono ottenute oggigiorno sarebbero impensabili senza questo tipo di training. Se teneste una conferenza, un discorso o una presentazione in uno stato d'animo negativo, è facile prevederne l'esito sfavorevole, ma con questo esercizio potete sintonizzarvi da subito sull'onda positiva e trovare l'adeguata calma per sfoderare il vostro fascino. È un sistema fantastico.

Esercizio linguistico

Se avete difficoltà con le sibilanti, vi consiglio di ripetere ad alta voce varie volte di seguito questi due scioglilingua:

Si conservi la conserva se la serva quando serve non si serve di conserva.

Sassaiola a Sassari su un assassino ossessionato dai sassi.

Faccio regolarmente gli esercizi:

- **Canto in automobile ogni volta che posso.**
- **Faccio l'esercizio di rilassamento.**
- **Eseguo il training mentale.**
- **Se necessario faccio l'esercizio linguistico per pronunciare in maniera chiara le sibilanti.**

Conclusione

A conclusione di questo manuale vorrei dire due parole per incoraggiare i top manager ad avere più entusiasmo oratorio. Quando ha cominciato a prosperare il Nuovo Mercato coi suoi volumi d'affari, i manager sono diventati le icone della New Economy e venivano elogiati su tutti i titoli dei giornali. Con altrettanto entusiasmo loro si sono esposti pubblicamente esaltando con toni trionfalistici se stessi e le loro imprese. Poi, di recente, i tempi si sono fatti duri e hanno cominciato a scoppiare gli scandali (Enron, Worldcom, Arthur Andersen, Adecco, Parmalat, Gruppo Erb e molti altri). La tempesta che si è abbattuta sulle imprese occidentali ha costretto numerosi manager a correre ai ripari e così adesso si nascondono dietro resoconti trimestrali, preferendo tacere sul resto. Messi sotto pressione dai media, dalle autorità di sorveglianza e dagli avvocati, hanno incassato la testa tra le spalle in attesa di tempi migliori. Come dimostra il caso Adecco, non esiste più il capo dell'impero industriale che – poco accessibile e pressoché irreperibile – si nasconde dietro a scrivania e computer e come unica dichiarazione rilascia un « No comment! ».

La famiglia svizzera Erb ha subito un crack miliardario, in ultima analisi, a causa anche di una comunicazione deficitaria: all'interno dell'industria non venivano comunicati i dati e, quando avveniva, erano sbagliati; si erano completamente isolati rispetto all'esterno.

La rivista economica *Economist* ha scritto: «L'efficienza nella competenza comunicativa è un'esigenza relativamente nuova ed è il risultato dell'invadenza del mondo esterno. Il capo di una ditta, un manager, deve parlare in modo convincente e mostrarsi in pubblico. Riuscire a motivare un gran numero di collaboratori richiede di saper rappresentare in modo persuasivo ed entusiasmante una visione chiara delle cose. Una forza direttiva che non riesce a instaurare alcun tipo di fiducia e che non sia autentica, troverà molto difficile assolvere questo compito».

Ritengo superato il modello comunicativo tradizionale, secondo il quale le imprese forniscono ai media informazioni selezionate, controllate e passate al vaglio. Oggi l'immagine, il prestigio e la reputazione di un'impresa vengono plasmati dall'interazione tra i molteplici gruppi di interesse coinvolti, i cosiddetti «stakeholder»: collaboratori, autorità, soci, università, investitori, associazioni di tutela dei consumatori, organizzazioni non governative e media.

Le ricerche dimostrano che gli amici, la famiglia, i colleghi, i collaboratore e i resoconti degli analisti sono le fonti di informazioni tenute maggiormente in considerazione, molto più delle informazioni ufficiali che vengono pubblicate dalle imprese. Il manager non può comunque nascondersi e non può affidare ad altri la comunicazione interna ed esterna o addirittura evitarla. In questo modo un'impresa finirebbe per trovarsi in breve sotto il fuoco nemico. Il vecchio detto «niente nuove buone nuove» adesso è ribaltato: le imprese che per lungo tempo non danno notizie di sé, rischiano voci malevole e congetture negative, con conseguente crollo della fiducia e del volume d'affari.

Adesso che l'economia si sta lentamente riprendendo, viene richiesto un nuovo modello comunicativo. L'hardpower, cioè i dati e i successi manifesti, non bastano più.

Proprio come gli Stati Uniti non dovrebbero esercitare il loro potere solo con le armi, il manager nei suoi discorsi e interventi non può limitarsi a riferire soltanto dati nudi e crudi. Sui dati e i fatti solidi e affidabili dev'essere edificato il softpower: dare messaggi chiari, sostenuti di persona, che esprimano chiaramente quali sono gli obiettivi, le visioni, le intenzioni che ha e a cui aspira un'impresa. Non è sufficiente dire *ciò* che si vuole ottenere, ma occorre spiegare in modo credibile, comprensibile e convincente *perché*, *come* e *per chi*. Questo richiede un'argomentazione orientata sul consumatore e sulle altre parti in causa: quali vantaggi, utili e prestazioni significative offre l'impresa ai suoi clienti, ai soci e ai collaboratori, oltre a mirare al suo guadagno?

Per far ciò devono essere stabiliti e coltivati continui contatti con gli stakeholder, ai quali dev'essere fornita un'informazione trasparente, comprensibile, razionale e plausibile e la certezza che tutto ciò a cui si tende è per il bene di tutti. Così si può creare la reputazione positiva di un'azienda. Nei suoi interventi il capo deve identificarsi con tutto questo e mettersi al servizio del perseguimento dei fini e dei compiti della sua azienda. È necessario un completo e assoluto coinvolgimento personale.

Un capo, se vuole mantenere salda la sua leadership, deve presentarsi spesso in pubblico; deve comunicare con tutti coloro che incontra, trasversalmente e a tutti i livelli, in ogni circostanza, interna o esterna; deve trasmettere sempre i soliti messaggi, senza deroghe e sempre in maniera trasparente, comprensibile e plausibile.

Il capo deve essere sempre pronto e capace di presentarsi davanti a un pubblico e prendere la parola. Per far questo è necessaria autenticità, perché soltanto questa lo rende credibile e lo fa apparire naturale. Deve sempre rimanere fedele a se stesso. Piccole défaillance retoriche sono irrilevanti, non temete, anzi lo rendono umano e simpatico. Dunque è necessario un approccio del tutto diverso da quello di un tempo: convinzione, credo ed entusiasmo sono più importanti della perfezione retorica. Chi ha a cuore unicamente la perfezione retorica tende piuttosto a provocare un effetto sospetto e spesso suscita diffidenza e rifiuto. Una « pietra non lavorata » ha più successo sia all'interno di un'azienda che all'esterno, perché presenta molte sfaccettature. Una certa lentezza nel parlare può ottenere maggiori effetti di un'eloquenza a cento all'ora. Io incoraggio i manager a parlare quanto più spesso possibile: senza peli sulla lingua!

Tutto quello che vi ho detto vi sarà molto utile anche se non siete – o non siete ancora – il capo supremo di un'azienda. La vostra disponibilità e capacità comunicative si dimostreranno di sempre maggior valore per la vostra carriera, a prescindere dal gradino che occupate adesso.

Spero che questo manuale di retorica possa aiutarvi ad apparire più persuasivi e incisivi.

TEA PRATICA

Ultimi volumi pubblicati

259 Lichterman, *28 giorni. L'oroscopo degli ormoni*
260 Paungger e Poppe, *La luna e l'arte della ginnastica*
261 Seiwert, *La strategia dell'orso*
262 Pierson, Cohen, *Mamma, dimmi che sono bella!*
263 Borrel, *60 consigli per disintossicarsi*
264 Marshall Thomas, *La vita segreta dei cani*
265 Marshall Thomas, *La vita segreta del gatto*
266 Rémy, *60 consigli anticellulite*
267 Berg, *La Kabbalah e i 72 Nomi di Dio*
268 Jacobs-Stewart, *I sentieri si tracciano camminando*
269 Nardone, *Manuale di sopravvivenza per psico-pazienti*
270 Nardone, Giannotti, Rocchi, *Modelli di famiglia*
271 Kushner, *Vivere bene comportandosi bene*
272 Walsh, *78 ragioni per cui il vostro libro non sarà mai pubblicato*
273 Paungger e Poppe, *L'agenda della luna 2007*
274 André, *Vivere felici*
275 Demarais, White, *La prima impressione*
276 Scheffer, *Terapia spontanea con i fiori di Bach*
277 von Markovik, Odom, *Il Metodo Mystery*
278 Doyle, *Mollare le redini*
279 Tarrant, *Cosa vogliono i conigli*
280 Arden, *Qualunque cosa pensi, pensa il contrario*
281 Poschenrieder, *Bastardo: se lo conosci lo eviti*
282 Knapp, *Appetiti*
283 Spada, *Yoga dinamico facile*
284 Seabrook, *Pensiero pelosofico*
285 Schira, Bay, *L'amore goloso*
286 Fennell, *Parla con il tuo cane*
287 Galland, *La dieta Galland*
288 Rossi, *60 consigli di trattamenti benessere*
289 Mead-Ferro, *Confessioni di una mamma pigra*
290 Choukroun, *Se mi ami tradiscimi!*
291 Behrendt e Tuccillo, *La verità è che non gli piaci abbastanza*
292 Behrendt e Ruotola-Behrendt, *Inutile piangere sul cuore spezzato*
293 Wiseman, *Adolescenti terribili*
294 Märtin, *Gli anni migliori. La vita dopo i 40*
295 McKenna, *Posso farti dimagrire*
296 André, *Chi ha paura della paura*
297 Pallardy, *Il mio codice della salute*
298 Holzheu, *Parlare in pubblico ed essere convincenti*
299 Fröhlich, *Giro di vita*
300 Reignier, *Hatha yoga facile*
301 Gray, *Marte e Venere si innamorano di nuovo*
302 Jacobs, *50 anni gloriosi di golf*
303 Paungger-Poppe, *L'agenda della luna 2008*
304 Koch, *L'intelligenza del corpo*
305 Ehrhardt, *Le brave ragazze vanno in paradiso le cattive dappertutto*
306 Hollenbeck, *Riaccendi la passione*
307 McKenna, *Sicuri di sé in un attimo*
308 Fearnley-Whittingstall, *Il manuale dei bravi nonni*
309 Küstenmacher, *Semplifica l'amore*
310 Branden, *L'arte di vivere consapevolmente*
311 Schlessinger, *Infanzia difficile, vita felice*
312 Seabrook, *Il pensiero pelosofico per mamme e papà*
313 Fletcher, *La dieta senza dieta*
314 Bay, *Cucinare verde*
315 Ponte di Pino, *I mestieri del libro*
316 Freedman, Barnouin, *La dieta Skinny Bitch*
317 Kabat-Zinn, *Riprendere i sensi*
318 Hicks, *La legge dell'attrazione*

Fotocomposizione Editype s.r.l.
Agrate Brianza (Milano)

Finito di stampare
nel mese di luglio 2008
per conto della TEA S.p.A.
da La Tipografica Varese S.p.A. (VA)
Printed in Italy